和谐校园文化建设读本

ZAIXIANGSONG

宰相颂

高 强/编写

吉林教育出版社

图书在版编目(CIP)数据

宰相颂 / 高强编写. — 长春：吉林教育出版社，
2012.6（2022.10重印）
（和谐校园文化建设读本）
ISBN 978 - 7 - 5383 - 8779 - 7

Ⅰ. ①宰… Ⅱ. ①高… Ⅲ. ①政治家－列传－中国－
古代－青年读物②政治家－列传－中国－古代－少年读物
Ⅳ. ①K827＝2

中国版本图书馆 CIP 数据核字（2012）第 116069 号

宰相颂
ZAIXIANG SONG　　　　　　　　　　　　　　　　　　高　强　编写

策划编辑　刘　军　　潘宏竹
责任编辑　尹曾花　　　　　　　　　　　**装帧设计**　王洪义

出版　吉林教育出版社（长春市同志街 1991 号　邮编 130021）
发行　吉林教育出版社
印刷　北京一鑫印务有限责任公司
开本　710 毫米×1000 毫米　1/16　　**印张**　11.5　　**字数**　146 千字
版次　2012 年 6 月第 1 版　　**印次**　2022 年 10 月第 3 次印刷
书号　ISBN 978 - 7 - 5383 - 8779 - 7
定价　39.80 元

吉教图书　　版权所有　　盗版必究

编　委　会

主　　编：王世斌

执行主编：王保华

编委会成员：尹英俊　尹曾花　付晓霞
　　　　　　刘　军　刘桂琴　刘　静
　　　　　　张　瑜　庞　博　姜　磊
　　　　　　潘宏竹
　　　　　　（按姓氏笔画排序）

总 序

千秋基业，教育为本；源浚流畅，本固枝荣。

什么是校园文化？所谓"文化"是人类所创造的精神财富的总和，如文学、艺术、教育、科学等。而"校园文化"是人类所创造的一切精神财富在校园中的集中体现。"和谐校园文化建设"，贵在和谐，重在建设。

建设和谐的校园文化，就是要改变僵化死板的教学模式，要引导学生走出教室，走进自然，了解社会，感悟人生，逐步读懂人生、自然、社会这三本大书。

深化教育改革，加快教育发展，构建和谐校园文化，"路漫漫其修远兮"，奋斗正未有穷期。和谐校园文化建设的研究课题重大，意义重要，内涵丰富，是教育工作的一个永恒主题。和谐校园文化建设的实施方向正确，重点突出，是教育思想的根本转变和教育运行机制的全面更新。

我们出版的这套《和谐校园文化建设读本》，既有理论上的阐释，又有实践中的总结；既有学科领域的有益探索，又有教学管理方面的经验提炼；既有声情并茂的童年感悟；又有惟妙惟肖的机智幽默；既有古代哲人的至理名言，又有现代大师的谆谆教诲；既有自然科学各个领域的有趣知识；又有社会科学各个方面的启迪与感悟。笔触所及，涵盖了家庭教育、学校教育和社会教育的各个侧面以及教育教学工作的各个环节，全书立意深邃，观念新异，内容翔实，切合实际。

我们深信：广大中小学师生经过不平凡的奋斗历程，必将沐浴着时代的春风，吸吮着改革的甘露，认真地总结过去，正确地审视现在，科学地规划未来，以崭新的姿态向和谐校园文化建设的更高目标迈进。

让和谐校园文化之花灿然怒放！

本书编委会

目 录

楚材秦用 一匡天下

——李斯传 ·················· 001

一、效仓中鼠 游说秦王 ·················· 001

二、力谏逐客 ·················· 002

三、助秦统一 ·················· 004

四、焚书坑儒 以安天下 ·················· 005

五、伪造遗诏 ·················· 007

六、迎合"圣"意 ·················· 011

七、腰斩咸阳 黄犬之叹 ·················· 015

下笔作文 修订法规

——萧何传 ·················· 020

一、功劳第一 ·················· 020

二、设计诛韩信 ·················· 024

三、功高恐震主 ·················· 025

四、举贤不避仇 ·················· 027

细柳扬名 平定七国

——周亚夫传 ·················· 029

一、屯军细柳 君命不受 ·················· 029

二、英明善谋 平定叛乱 ·················· 030

三、终被疏远 悲剧人生 ·················· 032

文韬武略　治世能臣

　　——曹操传 ············· 034

　一、打黄巾　攻董卓 ············· 034

　二、击袁术　灭吕布 ············· 042

　三、战官渡　破袁绍 ············· 046

　四、征乌桓　讨刘表 ············· 049

　五、诱韩遂　胜马超 ············· 050

鞠躬尽瘁,死而后已　两表酬三顾,一对足千秋

　　——诸葛亮传 ············· 053

　一、"管乐"之才　待时而动 ············· 053

　二、隆中之对　惊世骇俗 ············· 057

　三、游说吴主　共同抗敌 ············· 061

　四、以法治蜀　令出必行 ············· 064

　五、举贤授能　唯贤是用 ············· 068

　六、治军·木牛流马·八阵图 ············· 073

　七、七擒孟获　南抚夷越 ············· 077

　八、五次北伐　鞠躬尽瘁 ············· 081

　九、世代怀念　千古流芳 ············· 085

辅助太宗　匡正得失

　　——魏征传 ············· 089

　一、投奔瓦岗寨　辅助唐太宗 ············· 089

　二、敢犯人主颜　永为诤臣范 ············· 093

不畏权势　举贤任能

　　——狄仁杰传 ············· 097

　一、"真大丈夫" ············· 097

二、狄公施德政 ·· 099

三、柳暗花明　再度为相 ····················· 102

刚直廉明　中兴名相

　　——宋璟传 ·· 106

一、勇斗张氏兄弟 ······························· 106

二、抗拒中宗旨意 ······························· 108

三、犯颜太平公主 ······························· 109

四、辅佐贤主玄宗 ······························· 111

先天下忧　后天下乐

　　——范仲淹传 ····································· 114

一、自幼孤贫　勤学苦读 ···················· 114

二、几起几落　百折不挠 ···················· 116

三、军中有一范　西"贼"闻之惊破胆 ····· 118

四、主持庆历新政　推行政治改革 ········ 123

五、先天下之忧而忧　后天下之乐而乐 ·· 127

不畏天变　不恤人言

　　——王安石传 ····································· 129

一、任职地方　多办实事 ···················· 129

二、慷慨奋行　锐意革新 ···················· 131

三、大刀阔斧　推行新法 ···················· 133

四、西望国门　无力回天 ···················· 136

五、生活中的王安石 ··························· 139

兴明灭元功第一

　　——徐达传 ··· 141

一、投身义军　战功赫赫 ···················· 141

二、攻陈灭张　努力进取 ………………………… 143

三、灭元大功　徐氏居首 ………………… 147

四、秉心以德　谨饬自守 ………………… 149

救时宰相　于公忠肃

　　——于谦传 ………………………………… 151

一、倔强严正　两袖清风 …………………… 152

二、北京保卫战临危受命 …………………… 153

三、功臣命丧宫廷权斗 ……………………… 156

正直廉洁　善治朝政

　　——杨士奇传 ……………………………… 161

一、供职东宫　惟谨惟慎 …………………… 161

二、华盖学士　切言敢谏 …………………… 163

三、和睦皇亲　关心民瘼 …………………… 165

四、宦官擅权　忧郁而终 …………………… 168

刘墉的精干与"糊涂"

　　——刘墉传 ………………………………… 170

一、精干有为　任职四方 …………………… 171

二、滑稽模棱　情非得已 …………………… 173

楚材秦用　一匡天下

——李斯传

李斯(？—公元前208)，秦始皇时期任左丞相，是楚国上蔡(今河南上蔡西南)人。著名的政治家、文学家和书法家，协助秦始皇统一天下。秦统一之后，参与制定了法律，统一车轨、文字、度量衡制度。秦始皇死后与赵高合谋立少子胡亥为二世皇帝，为赵高所忌，腰斩于市。

一、效仓中鼠　游说秦王

李斯本是布衣出身，年轻时在上蔡邑当小吏，看见吏舍厕所中的老鼠吃的是肮脏的粪便，又接近人和狗，经常受到惊吓；到了粮仓，看见了粮仓里的老鼠吃的是堆积如山的谷粟，而且住在大屋子里，不受人和狗的惊扰。于是李斯就感慨地说："一个人才能的有无、本事的大小、有没有出息，就像这老鼠一样，全看它是否处在适合自己的环境之中了。"因此，李斯暗下决心以后要像仓中的老鼠一样，寻求更好的环境，谋求更高的地位。

于是他辞去小吏的职务，来到齐国兰陵(今山东省苍山兰陵镇一带)，拜荀况为师，学习五帝三王治理天下的学问。学业完成以后，他估计楚王不能成大事，不值得为楚王效力，而其他东方诸侯又都很软弱，没有一个国家可以让他去建功立业的，因此想到西边的秦国去。他向荀况告辞说："我听说遇到机会就不要轻易放过，如今正是各国诸侯争雄的时局，善于游说的人掌握着各国的权柄。现在秦王想要吞并天下，称帝以统治诸侯，这正是我们这些普通人士大显身手的时机。一个处在卑贱地位而又不想进取的人，就像野兽看着肉，只能眼馋不能进食一样，这种人看起来虽然像人，实际上却徒有其表，没有一点人的志气和本领。所以说，人生没有比卑贱更令人耻辱，没有比穷困更令人悲哀的了。一个人长期长处于卑贱困苦的环境，还讥讽世俗、厌恶名利，把自己打扮成与世无争的样子,这不是他的真实思想。因此我想到西边去游说秦王。"

李斯到了秦国,正好碰上庄襄王去世,于是他去拜见秦国丞相、文信侯吕不韦,请求作门客。吕不韦觉得李斯有才,就推荐他当了秦王的侍从。李斯因此得到游说秦王的机会,于是就劝秦王说:"小人物认不准动静的变化,往往失去有利时机;成就大功业的人,在于钻对方的空子,抓住机会就下狠心去消灭它。从前秦穆公在春秋称霸以后,终究不能吞并东方各国,这是什么原因呢?因为当时诸侯国还比较多,周朝的德望也还未衰落,所以春秋五霸轮流争雄,交替打出尊奉周天子的旗号。自战国中期的秦孝公以后,周室衰落,诸侯互相兼并,函谷关以东只剩下六个国家,如今秦国仗着强大的国力威慑诸侯,至今已经六代了。现在诸侯臣服于秦国就像秦国的郡县服从中央一样。以秦国的强大和大王的贤明,就像打扫锅台的灰尘一样,不费力气就可以消灭各国诸侯,完成帝业,达到统一天下的目标,这是万世难得的良机。现在如果怠慢松懈而不抓紧时机,等到诸侯重新强大起来、相聚联盟合纵,那时虽有黄帝的贤明,也不能兼并了。"于是秦王拜他为长史,听从他的计策,暗中派遣谋士携带金玉去游说诸侯。对诸侯国中有声望的人士,能够用财宝收买的就送厚礼贿赂;对不肯受贿的,就用利剑刺杀。在实施离间、破坏东方各国君臣的关系之后,秦王便派能干的将领带兵征伐。于是秦王又任命李斯为客卿。

二、力谏逐客

正好这期间有个叫郑国的韩国人来秦国做奸细,郑国为秦国修造了引注洛水灌溉农田的郑国渠,不久郑国的阴谋活动被发觉了。秦国的王族、大臣对秦王说:"诸侯国的人到秦国来服务的,大都是替他们的主子在秦国游说,搞离间活动,请大王把这些来客一律驱逐。"经过王族大臣讨论后,李斯也在被驱逐之列。

于是李斯上书说:我听说大臣们议论要逐客,心里觉得这么做是错误的,从前秦穆公寻求人才,在西边的西戎找到由余,在东边的宛招用百里奚,在宋国迎来蹇叔,在晋国招纳丕豹、公孙支。这五人都不在秦国出生,而秦穆公却任用他们,兼并了20来个小国,终于称霸西方。秦孝公采用商鞅的新法,移风易俗,人民因此富足,国家因此强盛,百姓乐意为国效力,诸侯归附了秦国,接着又打败了楚、魏,收地千里,国家至今稳定而强大。秦惠王用张仪的计策,夺取韩国的三川地区,兼并了西部的巴蜀之地,在北边攻占了魏国的地郡,在南边收取了楚国的汉中,占领了楚国的少数民族地区,威胁着楚国的鄢都和郢都,占据了东边的要地,获取了肥沃的土地,最终破坏了六国的合纵联盟,使它们听从秦国的号令,这些功绩延续到如今。秦昭王得到范雎后,废掉了穰侯魏冉,赶走华阳君,从而加强了秦王的权力,杜绝了贵戚专权的现象,并逐步蚕食诸侯,为秦国奠定了统一天下的基础。以上提到的四位秦王,都是利用宾客来为秦国建立功勋。由此看来,东方来宾有什么地方亏待过秦国呢?如果以前这四位国君都拒绝宾客而不接纳,疏远贤人而不利用,那么秦国就没有富足的实力,也没有强大的威名了。

如今陛下得到昆冈的宝玉,拥有随侯献来的珍珠,卞和献来的玉璧,垂挂着明月宝珠,佩带着太阿宝剑,乘坐着千里骏马,所树立的旗帜是用翠凤羽毛装饰的,摆在那儿的是用鼍皮做成的大鼓。这些宝物,没有一件是秦国的产品,而陛下却喜欢它们,这是为什么呢?如果一定要秦国出产的东西才能使用的话,那么夜里能发光的玉璧就不能用来装饰朝廷,犀角象牙做成的宝玩就不能拿来观赏,郑、卫两地的美女就不能招来住在后宫,而骏马就不能养在宫外的马厩,江南的金锡就不能用来制作器皿,西蜀的丹青颜料就不能用来绘画彩色。如果凡是用来装饰后宫、充当姬妾,使大王娱乐心意、耳目欢悦的东西,都要出自秦国才能使用的话,那么用宛珠装饰的发簪、镶嵌珍珠的耳饰,用软绸白绢做成的衣服、锦线绣成的物饰,都不该献给陛下;而时髦娴雅、身容娇美的赵国女子就不能侍立在陛下身旁了。至于敲击瓮缶、弹奏秦筝、拍击大腿而呜呜叫喊,这样刺耳的音乐,才是地地道道的秦声;而像郑卫之音、桑间之乐、《韶》《虞》《武》《象》等乐曲,都是来自异国的音乐。如今宫中放弃敲瓮击缶的秦音而学郑、卫之音,撤下秦筝的奏乐而取《韶》《虞》,这是为什么呢?还不就是因为听起来好听,而且更适合人们观赏。如今用人的方法却不是这样,不问好坏,不论忠奸,不是秦人一律排斥,外来的宾客都要驱逐。看来陛下重视的是美女、音乐和珠玉,而轻视的却是人才。这种做法不是统治天下、制服诸侯所需要的好办法。我听说,土地宽广,才能生长更多的谷粟;国土辽阔,才能拥有更多的人口;兵器锋锐了,士兵才更勇猛。泰山不舍弃细小的尘土,所以才形成它那样的高大;河海不拒绝细小的水流,所以才形成它那样的深广;君王不离民众,所以才能光大他的恩德。因此土地不分东西南北,人民不分本国他国,充分利用一年四季的丰美物产,鬼神都来降福保佑,这就是五帝三王无敌于天下的原因。可现在您却拒绝来投奔您的士民,让他们去帮助敌国,拒绝四方宾客的效劳,让他们为诸侯建功立业;使天下的士人畏缩而不敢到您这里来,这就叫"把武器交给敌人,把粮食送给强盗,让他们来打自己啊。"不出产于秦国的物品,有许多东西是珍宝;不生长在秦国的谋士,有许多人愿意效忠于陛下。如今秦国驱逐宾客,把他们赶回去帮助敌国;孤立了自己,壮大了敌人;自己把国内搞得很空虚,而对外又与各国结怨;要想使国家没有危险,是不可能的。

三、助秦统一

秦王于是废除了逐客的命令,恢复了李斯官职,采用了他的计谋。李斯的官职一直升到了廷尉。李斯重新受到秦王的重用后,以卓越的政治才能和远见,顺应历史发展的趋势,佐助秦王制定了吞并六国、实现统一的策略和部署,并努力组织实施。结果仅仅用了 10 年的时间,就先后灭了六国,于公元前 221 年建立了我国历史上第一个统一的、中央集权制的封建国家,第一次完成了统一大业。

秦国统一了天下，于是尊秦王为皇帝，以李斯为丞相。李斯建议秦始皇废除了造成诸侯分裂割据、长期混战的分封制，实行郡县制。把全国分为 36 郡（后增加到 41 郡），郡下设县、乡，归中央直接统辖，官吏由中央任免。在中央设三公、九卿，分职国家大事。秦始皇于是下令拆除了各郡县的城堡，销毁了旧六国的兵器，表示今后不再使用。秦朝的土地一尺也不分封，王室的子弟不再封赏，功臣也不再封为诸侯，目的是使今后没有互相攻战的祸患。这一整套封建中央集权制度，从根本上铲除了诸侯王国分裂割据的祸根，对巩固国家统一、促进社会发展起了积极作用。所以，这一制度在秦以后的封建社会里一直沿用了近 2000 年。秦统一后，由于过去各诸侯国长期分裂割据，语言文字有很大差异，对于国家的统一和经济文化的发展极其不利。李斯及时地向秦始皇提出了统一文字的建议，并亲自主持这一工作。他以秦国文字为基础，废除异体字，简化字形，整理部首，形成了笔画比较简单、形体较为规范，而且便于书写的小篆（也称秦篆和斯篆）作为标准文字。他还亲自用小篆书写了一部《仓颉篇》，作为范本推行全国。小篆的出现是汉字发展史上的一大进步。鲁迅先生说，李斯在我国文学史上是有"殊勋"的。令人遗憾的是李斯手书已大多散失。现在，中国历史博物馆还收藏有李斯亲书的琅玡刻石，山东泰山岱庙现存有李斯篆书的秦二世诏书刻石的残片，这些刻石虽已严重残损，但它是我国已发现的最早文字刻石，实为稀世珍宝。李斯还在统一法律、货币、度量衡和车轨等方面付出了巨大努力，做出了重大贡献。

四、焚书坑儒　以安天下

　　李斯或许是吸取了商鞅的经验教训，秦始皇或许是看到了商鞅实行法治的好处，总之，君臣二人逐渐形成共识：历代的祸乱之事，均系当权者不明法或执法不严而生。于是，李斯辅佐秦始皇议定了一系列诏命和法令。一是严令百姓不得私藏兵器，并将从百姓手中收缴的兵器全部熔化,铸成铜人和乐器,以防止百姓持兵器造反;二是把六国的豪门大户 12 多万户迁到咸阳,把他们放在秦王的眼皮底下,控制他们,防止其滋事作乱。

秦始皇三十四年,在咸阳宫置办了酒席,酒席上博士仆射周青臣等人称颂始皇帝的威德。齐国人淳于越进谏说:"我听说,商朝和周朝的君王能够维持长时间的统治,在于分封子弟,功臣自为支派,辅卫中央。如今陛下拥有海内,而子弟却无一官半职,如果突然有像田常、六卿之类谋变的祸患,您没有辅助的藩臣,该如何相救呢?办事不效法古人而能保全长久的,我还没有听说过呢。如今周青臣等人又当面奉承您,以加重陛下的过错。这不是忠臣的行为。"秦始皇把这个意见交给丞相李斯去裁断。李斯认为淳于越的建议十分荒谬,想通过言辞辩论使他屈服,就上书说"古时候由于天下散乱,不能统一,因此诸侯才一同兴起。社会上有些言论以叙述古事来指责当今,修饰虚言以混淆实情,各人都吹捧他自己的学说,毁谤国家所建立的法令制度。如今陛下统一了天下,明确了是非,确立了皇帝唯一的尊严,而各派私学却纷纷攻击国家的法令制度,一听到颁布新的法令,就用他们自己的观点来议论时政,在家独处时心怀不满,走出门来议论纷纷,以批评皇上来提高自己的名声,以标新立异来表现自己的高明,鼓动下层,制造流言蜚语。这种情况如不禁止,那么皇上的威望就要降低,下面的党派就要形成,禁止了就会有利于国家。我请求下令:凡是收藏《诗》、《书》以及诸子百家的书籍,一律销毁。禁令下后三十天还不销毁的,处以黥刑,发配去修筑长城。不需清除的,只有医药、占卜、种植一类的书籍。以后谁要是想学习,可以拜官吏为师。"

秦始皇采纳了李斯的建议,销毁《诗》、《书》和诸子百家的书籍,目的是使百姓愚昧无知,使天下人不能以古书来批评当今的朝政。严明制度,规定法律,都从秦始皇这时开始。秦始皇规定用统一的文字书写,在天下各地修建皇帝游猎巡幸时住宿的宫馆。第二年,始皇帝又到各地巡视,出兵攻伐匈奴、南越、西域等少数民族地区。这些事情,李斯都直接参与,出了不少力。

李斯的儿子们都娶了秦国的公主,女儿全嫁给秦国的各位王子,李斯与秦王室的关系越来越近。李斯的儿子李由是三川郡守,他请假回到国都咸阳,李斯在家中置办酒席,所有文武大官都来祝贺,门前的车马数以千计。不过李斯懂得物极必反的道理,但是他自己已经不能控制局面了,他感慨地说:"唉!我曾听荀卿说:'什么都不能太过分'。我本是楚国上蔡的一个平民,生活在街巷中的普通百姓,君王不认为我拙劣无能,终于把我提拔到这样显贵的地位。如今天下百官的地位,没有一个比我更高的,可以说我的富贵已经到了极点。物极必反,我不知道以后是什么结局啊!"

五、伪造遗诏

秦始皇三十七年十月,始皇帝出巡来到会稽,然后沿着海边北上,来到琅玡。丞相李斯、掌管符玺文书的中车府令赵高都跟随左右。始皇帝有20多个儿子,长子扶苏因为几次耿直地劝谏皇上,触怒了秦始皇,因而被皇帝派到上郡蒙恬的军队中任监军。小儿子胡亥得到宠爱,他请求跟随出巡,始皇帝答应了。其余的儿子都没有随从。

当年七月,始皇帝来到沙丘(今河北平乡东北),病得很厉害,便命赵高写信给公子扶苏说:"把军权交给蒙恬,火速赶到这里,护送我的灵柩到咸阳安葬。"书信封好,还没交给信使,始皇帝就驾崩了。书信和印玺便都落在赵高手里。当时仅有公子胡亥、丞相李斯、赵高及五六个亲信的宦官知道始皇帝去世,其余百官都不知道。李斯认为皇帝在京城外去世,没有正式确立太子,会引起举国内乱,所以他便把消息封锁起来。李斯把皇帝的尸体放在一辆既保暖又通风的车子里,仍旧用旧日的驭手驾车,随行百官上奏事务及进献饮食都跟平时一样,只是让宦官在车子里假托皇帝的命令,应答百官呈奏的事务。

赵高乘机将赐给扶苏的盖有皇帝印玺的书信扣留下来,而劝说公子胡亥："皇帝去世了，没有诏令封其他公子为王，而单单赐给长子书信。长子如果赶来，就可立为皇帝，而您却无尺寸之地，您准备怎么办？"胡亥说："本来就是这样，我听说，贤明的君王能了解臣子，明智的父亲能了解儿子。父王去世，不封儿子，作儿子的能说什么呢！"赵高说："不对，如今天下的大权，存亡去取全在您、我和丞相三人手中，希望您去争取。况且控制别人与被别人控制，统治别人与被别人统治，这可是决然不同的两码事啊！"胡亥说："废掉兄长而立弟弟，这是不义；不奉行父王的诏命而贪生怕死，这是不孝；能力不足而才疏学浅，勉强地抢夺别人的功业，这是没有自知之明，这三条都是违反德行的，天下不服，我自己会遭殃，国家也要灭亡的。"赵高说："我听说商汤、周武杀掉君主，天下人都称为义举，并不认为不忠。卫君蒯聩杀了他的父亲，而卫国人还是称赞他的功德，孔子也在史书中记载了这件事，并不认为他不孝。办大事的人就不能顾小节，德行高就不要怕一些琐碎的指责，一个地方有一个地方的风俗，不必求同；一个官员有一个官员的做法，不必划一，因此顾小失大，将来必有祸害；狐疑犹豫，将来一定后悔。果断而敢作敢为，连鬼神都要躲避，这样才能成功。希望您下决心干吧！"胡亥感慨地说："现在父王的灵柩还未回归，丧礼还没办完，哪能因这种事去麻烦丞相呢？"赵高说："时间急迫得来不及商量了！就像打仗一样，背上粮食扬鞭跃马，还怕赶不上机会呢！"

胡亥经不住赵高劝说，最后同意了他的意见。赵高说："不跟丞相商量，恐怕事情不能成功，我请求替您跟丞相说说。"于是赵高对丞相李斯说："皇上去世时，赐给长子一封书信，让他在咸阳治丧并立他为嗣君。书信还没有送出去，如今皇上去世了，消息也没有别人知道。赐给长子的书信及皇帝的符玺都在胡亥手里，决定谁当太子，全在你我一张嘴了。你看这事该怎么办？"李斯说："你怎能说出这种亡国的言论！这种事情不是我们当臣子的所议论的啊！"赵高说："你自己想想，你的才能比得过蒙恬吗？跟天下人没有仇怨比得过蒙恬吗？计谋深远而不失误比得过蒙恬吗？功劳比得过蒙恬吗？与长子有旧交而能得到他的信任比得过蒙恬吗？"李斯说："这方面我都比不过蒙恬，但是你为什么这么苛求我呢？"赵高说："我本来只是一个宦官，幸而能够熟习狱律文书而进入秦宫，在宫中办事20多年，不曾见过秦国罢免丞相功臣之后，能把爵禄传给这些人的子辈的，最终都是把父子一同诛灭。始皇帝有二十多个儿子，都是你所了解的。长子刚毅而勇敢，信任别人并善于发挥人的才能，即位以后必然任蒙恬为丞相，到时你终究不能抱着侯爵的印玺平安地告老还乡，这是你我都清楚的。我受诏教育胡亥，让他学习法律已经几年了，从未见他有什么过失。胡亥仁慈厚道，轻财物而重人才，内心聪慧，只是不善言辞。他履行礼节而尊敬贤人，秦朝的各位公子没人能比得过他，胡亥可以作王位的继承人。你考虑好，然后把这事确定下来！"李斯说："你还是守点本分吧！我只能遵照先帝的诏令，听从上天的安排，有什么可以考虑和决定的呢？"赵高说："您的平安可能转化成危险，您的危险也可能转化成平安。一个人在安危的关头还拿不定主意，怎么能算是贤明呢？"李斯说："我李斯本是上蔡街巷中的一个普通平民，有幸被皇上提拔为丞相，封为侯爵，子孙都得到尊贵的地位和优厚的俸禄，所以皇上将国家的存亡安危托付给了我，我怎能辜负呢？忠臣不应该贪生怕死、苟全性命；孝子应该任劳任怨，为人臣子恪尽职守。你不要再多说了，否则我就得罪了。"赵高说："我听说圣人总是灵活多变、相时而动，看到事物的表面就能知道它的本质，看到事物现在的动向就能预知发展的结果。事物本来就是变化的，哪有一成不变的呢？因此，秋霜一降花草就凋零，冰雪化解万物就生长，这是必然的结果。如今天下的大权和命运都掌握在胡亥手中，您为何迟迟不能觉悟呢？"李斯说："我听说晋国改换太子，三世不得安宁；齐桓公兄弟争位，害了哥哥的性命；商纣王残杀亲属，不听劝告，国都变成了废墟，最终毁了国家。这三件事都违背了天命，结果国破家亡，我自以为是个堂堂正正的人，怎能打那种坏主意？"赵高说："上下同心，地位可保长久；内外如一，事情就能办得成功。您如听从我的计策,就能长久地封侯、世代承袭,必然像王子乔、赤松子这些神仙一样长寿,像孔子、墨子那样有智慧。现在如果放弃了这个机会而不相从,灾祸就会临头并且殃及子孙,后果实在叫人心寒。聪明人善于转祸为福,您究竟打算怎么办?"李斯听后仰天长叹,流着泪感慨地说:"唉!偏偏碰上这样混乱的世道,我既然不能效忠而死,还能依靠谁呢?"于是李斯就听从了赵高的劝说。赵高回报胡亥说:"我奉太子贤明的诏命去通知丞相,丞相李斯不敢不遵从太子的命令!"

于是他们几人就互相谋划,诈称丞相李斯受始皇帝的诏书,立公子胡亥为太子。又重新伪造了一封书信给长子扶苏说:"我巡行天下,祈求名山诸位神仙延长我的寿命。现在扶苏和将军蒙恬率兵几十万驻守边疆,已有十多年了,不但没有什么进展,反而白白损失了许多士卒,没有一点功劳,反而几次上书,出言不逊地诽谤我的所作所为,由于不能结束监军的任务回京当太子,就昼夜怨恨。扶苏作为儿子如此不孝,赐剑让他自杀!将军蒙恬与扶苏在外驻守,不纠正他的过失,显然知道他的阴谋。蒙恬作为大臣,行为不忠,应赐死,把统率的部队交给副将王离。"书信封口以后盖上始皇帝的印玺,派胡亥的门客带书送给上郡的扶苏。

使者到了上郡,扶苏打开诏书看了以后,不禁哭泣起来,走进内屋,准备自杀。蒙恬阻止扶苏说:"陛下外出,朝中还没有立下太子,派我率兵三十万镇守边疆,公子监兵,这是天下的重任。现在一个使者来了,还没弄清事情的真伪您就自杀未免太轻率了,谁知他是否有诈?请您再请示一下,问明白了再死,也还来得及啊。"使者再三催促,扶苏为人仁厚,对蒙恬说:"父亲赐儿子死,儿子不死为不孝,还用再请示吗?"随即自杀。蒙恬不肯就范,使者就把他交给狱吏看管,囚禁在阳周县里。

使者将处理的结果回来报告,胡亥、李斯、赵高非常高兴,他们回到咸阳,办理了丧事,立胡亥为二世皇帝。胡亥也投桃报李,升任赵高为郎中令,让他经常在宫中侍奉皇帝,掌握了大权。

六、迎合"圣"意

　　秦二世闲居无事，就把赵高召来商议，他对赵高说："人生在世，就像六匹马拉着马车过裂缝一样短促，过得太快了。我既然已经统治天下，就想尽量满足耳目的欲望，随心所欲地尽情享乐，让我长久地统治天下，享尽天年，我能做得到吗？"赵高说："这是贤明的君主才能做到的，而昏乱无能的君主就行不通。我在这里大胆直言，冒着被斧钺砍头的危险，请陛下要稍稍留意。我们在沙丘的密谋，其他的公子和大臣们都有怀疑，而各位公子都是您的兄长，大臣们又都是先帝所任用的。如今陛下刚刚即位，这些人快快不乐，心里不服气，恐怕要有变乱。况且蒙恬还未死，蒙毅又带兵在外，我为这事战战兢兢，唯恐得不到好的结果，陛下哪能放心享乐呢？"秦二世说："那该怎么办？"赵高说："用严峻的法律和刑法，把犯罪的人连同他的亲朋一起处死，以至将其全族诛灭，要消灭原来的那些大臣，疏远陛下的兄弟子侄。让原来贫穷的人变得富足，让原来低贱的人变得高贵。全部铲除先帝的老臣，重新安置陛下的亲信在您身边。这样被提拔的人就会暗中感谢您的恩德而归附于您，祸害根除而奸计杜绝，群臣没有不接受陛下的恩惠，蒙受陛下的厚德，您就可以高枕无忧，放心地享乐了。这是最好不过的办法。"秦二世听从赵高的话，便重新制定法律条文。于是原来的大臣及秦朝的公子都被论罪，秦二世把这些人交给赵高，命令他审判处理他们，赵高处死了大臣蒙毅等人。把始皇帝的十二个公子在咸阳街头斩首示众，把始皇帝的十个公主在杜县肢解，财物全部充公，牵连处罪的人难以计算。他还不顾民怨沸腾，横征暴敛，大兴土木，搞得朝政混乱，上下怨恨不已。

　　公子高想逃跑，又怕被诛灭全族，于是上书说："先帝在世时，我入朝就赐给食物，出朝就赐坐马车。内府的衣物，赏赐过我；宫内马厩的宝马，也赏赐过我。我本该以死追随先帝，却没有能做到。这是做儿子的不孝，做臣子的不忠。不忠不孝的人已无颜面活在世上，我请求随先帝去死。并请求把我埋在骊山始皇帝的陵墓旁。希望皇上怜悯我,答应我的请求。"书信呈上去后,胡亥很高兴,就召见赵高,并把书信给他看,说:"这就叫做走投无路了吧?"赵高说:"当臣子的如果连死都怕来不及,那他们还有什么工夫去图谋造反呢?"胡亥同意了公子高的请示,赐钱十万料理他的丧事。

　　秦朝的法令和诛杀刑罚越来越苛刻残暴,大臣们人人自危,想反叛朝廷的人很多。秦二世又继续建阿房宫,辅以笔直通畅的大路和供皇帝出巡的大道,赋税越来越重,徭役没完没了。对于二世的所作所为,为了自保,李斯有时随声附和,有时退让默许,有时竟然公然称赞,完全丧失了一位政治家应有的谋略与胆识,成了一个苟且保位的庸人。于是公元前209年,楚地被征发去守边的陈胜、吴广等人终于在大泽乡起义了。在崤山以东广大地区,反抗的队伍纷纷行动,英雄豪杰争相起义,自立为王侯,反对秦朝的统治。起义的队伍打到鸿门才退去。李斯这才意识到问题的严重性,他想力挽狂澜,但为时已晚,心有余而力不足。但是李斯还是数次请求单独劝谏秦二世,均遭到了秦二世的反对。秦二世反而责问李斯说:"我有个想法,记得《韩非子》上说过,'尧拥有天下之后,居室的堂基高不过三尺,采来的木料直接用来作椽,不加任何削饰,屋顶盖的茅草长短不齐,也不加修剪,就连迎接旅客的小客店都不如;冬天穿鹿皮做的皮袄,夏天穿麻布织的粗衣;用粗粮做饭,用野菜熬汤,盛饭盛汤用的是粗糙的土罐,真可笑,就是现在的守门人的生活也不至于这么低劣啊!大禹凿通龙门山,使黄河水流入夏民居住的地方,他疏通了许多河流,为河流修筑了许多堤坝,把大地上的积水疏导入海,由于长年劳作,大腿上竟然累得没有了白肉,小腿上也磨光了汗毛,手脚都结上厚厚的老茧,面孔晒得黝黑,最后累死在外边,埋葬在会稽山下,真可悲,就是奴仆的辛劳,也比不上他繁重啊!'那么像统治天下这样显贵的人物,难道就该劳苦身心,住小客店一样的房子,吃守门人那样的饭菜,干奴隶那样的劳动吗?没有能耐的人才会这样,贤明的人决然不会如此。贤明的人据有天下，就要用天下的财物来尽力满足他的需要，这就是据有天下的尊贵。称为贤明的人，必然能安抚天下、统治万民，如果连自己都不能过得舒服合意，那将如何去治理天下呢？所以我希望能随心所欲，永远地享有天下而不受祸害，你能怎么样呢？"李斯的儿子李由时任三川郡的郡守，起义军吴广等人向西攻占地盘，越过三川郡而李由不能禁止。章邯率兵击溃驱逐吴广的部队以后，秦二世的使者追究三川郡的责任，并牵连到李斯，责备李斯位居三公，怎么让造反的强盗如此横行？李斯很恐慌，又贪恋爵位俸禄，不知道怎样开脱自己，于是就迎合秦二世的意愿，想因此得到宽容，他上书对秦二世说：

贤明的君主，必然能够建立一套制度来推行督察刑罚的法术，推行督察刑罚，臣子就不敢不竭尽所能来为君主效力。这样君臣的尊卑名分就能确定，上下的界限就能分明，那么天下有能力的人和无能力的人都不敢不尽力尽职地为君主效劳了，因此君主讲究一人统治天下而不受任何约束，这样就可以享尽一切乐趣了。凡是贤明的君主，能不了解这一点吗？所以申子说过："得到天下而不能为所欲为的，就叫做把天下当作自己身上的镣铐"，这句话没有别的意思，只是说明得到天下的人不能推行督察刑罚，反而用自己的身心为天下人辛苦操劳，像尧、禹那样，因此叫做把天下当成"镣铐"，如果不能运用申不害、韩非高明的法术，推行督察刑罚的办法，利用天下万物供自己享乐；而只是劳苦身心地去为百姓效力，那就成为平民的奴隶，不是统治天下的君主，哪里谈得上尊贵呢？让别人为自己效劳，就会自身尊贵而别人低贱；让自己为别人效劳，那就会自身低贱而别人尊贵。因此，为他人效劳的人低贱，而让他人效劳的人尊贵。从古到今，没有不是这样的，自古以来所有被尊敬的贤人都是因为他的做法高贵；而被认为无能的人，都是因为他的做法低贱。而尧、禹让自己为天下效劳，如果还因循守旧地尊崇他们，这就失去了尊贤的本意，可以说是大错特错了。说他们把自己的统治权变成自己的镣铐，不是很恰当吗？这就是不能推行督察刑罚所带来的过错。

因此韩非说过，"慈母有能养出败家子，而严厉的主人手下没有敢不服管的奴隶"，为什么？这是严加惩罚的必然结果。所以只有英明的君主才能深究小错。这点小小的过错还要深究重办，何况犯了大罪呢？所以人民不敢触犯法令了。因此韩非说过，"几尺布头，一般人见了都顺手拿走，而一块烧红的金子，尽管有上百斤，盗跖也不去抓取"，这不是说一般人都很贪心，说几尺布头有多大好处，说盗跖的欲望很小；也不是说盗跖嫌百斤的金子还不算贵重。这是由于抓取烧红的金子，会随时把手烫伤，因此盗跖不敢拿走这百斤的金子；而贪图小利，不一定会受到刑罚，所以一般的人都不放过那几尺布头。因此五丈高的城墙，擅长攀登的楼季也不能轻易地逾越；而几百丈高的泰山，瘸腿的母羊都能容易地爬上。难道是楼季不能越过五丈的高度，而瘸腿的母羊能轻易地爬到几百丈的高度吗？其实是陡峭的城墙和平缓的高坡两种情况并不相同。圣明的君主所以能长久地处在尊贵的地位，长久地掌握威严的大权，而独自垄断天下的利益，并非有什么特殊的办法，而在于能够单独地决断朝政而严厉地督察刑罚，必须施行重罚，这样天下人才不随便地触犯法令。如今不实行杜绝犯罪的方法，而仿效慈母养出败家子的行为，那就是不能理解圣人的言论了。如果不能采取圣人治理天下的办法，那么除了给天下人当奴仆外。还能干什么呢？这能不叫人悲伤吗？

如果有仁义的人在朝中主事，那么随心所欲的享乐就受影响；如果有劝谏论理的臣子在君主身边，那么放荡不拘的心志就得收敛；忠烈死节的行为在社会得到推崇，那么纵情恣意的娱乐就要克制。因此贤明的君主能够排除这三种情况，独操君主之术以控制顺从的臣子，建立严明的法制，因此自己的地位就尊贵，权势就威严。凡是贤明的君主，必然能够移风易俗废除他所反对的，扶持他所喜欢的，所以在世时就有尊贵威严的权势，去世后就有一个贤明的称号。因此贤明的君主总是独立专断，权力不落在大臣手中。只有这样，才能消除仁义的主张，堵住游说的口舌，限制忠烈的行为。不用耳听，不用眼看，单凭自己的意念行事，这样在外能不被仁义忠烈的行为所动摇,在内就能不为功谏论理的言辞所迷惑。这样才能独断专行地为所欲为,谁都不敢违抗。如此之后才称得上明白了申、韩的法术,推行了商君的法制。法制得到推行,驾驭臣下的手段能够掌握,而天下还会出乱子,这种事情还没有听说过呢。因此人们说:"治理天下的办法是简明易行的。"但这些只有贤明的君王才能做到。督察刑罚做到了,臣子没有邪念,天下就能安宁;天下安宁了,君主就有尊严;君主有尊严,督察刑罚就一定能得到严格实行;督察刑罚严格实行,君主追求的利益就能得到;追求的利益得到了,国家就富足;国家富足了,君主就过得丰裕安乐。因此督察刑罚的法术实行了,想得到的东西就没有不能得到的。群臣和百姓改正过错都来不及,哪里还谈得上图谋反叛呢?如能这样,那么帝王的统治方法就掌握了,可以说处理君臣关系的法术就明确了。到那时,就是申不害、韩非再世,也不能超过这种水平啊!

李斯的奏书呈上以后,秦二世很高兴。于是推行督察刑罚更加严厉,凡是对人民征税繁重的就被认为是能干的官吏。当时路上的行人,有一半是受过刑的,街上被处死的人到处都有,杀人数量多的就被认为是忠臣,秦二世说:"这样才叫做实行了督察刑罚。"

七、腰斩咸阳 黄犬之叹

赵高当郎中令时,杀害的人和被他报私怨处以刑罚的人很多,赵高害怕大臣入朝奏事时说他的坏话,就假惺惺地劝秦二世说:"天子所以尊贵,就在于让人只听见他的号令,群臣见不到他的面孔,因此天子称为'朕'。况且陛下年纪还轻,未必通晓世上各种各样的事情,如今坐在朝廷上理政,赏罚中如有不妥当的地方,就会让大臣看到您的短处,这就不能向天下显示您的圣明了,不如陛下深居宫中,常与我和几个通晓法令的官员在一起,等候大臣把事情报上来,再商量着处理。这样,大臣就不敢报告不真实的情况,天下人都认为您是圣明的君主了。"秦二世听从他的建议，不再上朝见群臣，整天住在宫中。赵高经常在宫中侍奉、出主意，独揽大权。

赵高听说李斯准备劝谏，就去见李斯，说："函谷关以东盗贼四起，如今皇上却急着征发劳役修建阿房宫，收集无用的玩物。我想劝谏皇上，但我地位低贱。这件事实在是您的职责，您为何不去劝劝呢?"李斯说："是啊，我也早就想说了，如今皇上已经不上朝了，天天住在深宫之内，我有些想说的话，也传不进去，想面见皇上，也没有机会。"赵高对李斯说："您真能劝谏，我愿为您留心观察，皇上有空我就告诉您。"于是赵高等到秦二世正在欢宴、宫女陪他玩乐的时候，就派人去告诉李斯说："皇上正有空，可以前来奏事。"于是李斯就到宫门前求见，这样连着有好几次。秦二世生气地说："我平时常有空闲的时候，丞相也不来；偏偏我正设宴消遣，丞相就来奏事。丞相是瞧不起我，还是想捉弄我?"赵高乘机对秦二世说："这可太危险啦，当初在沙丘的密谋，丞相是参加了的，如今陛下已立为皇帝，而丞相地位没有提高，他的意思是想割地为王了，看来丞相的胃口不小啊！假如陛下不提起这件事，我都不敢说。丞相的长子李由是三川郡守，楚地的反贼陈胜等都是丞相老家邻县的人，所以楚地的盗贼公开行劫，他们路过三川，郡守李由只是守城不肯出击。我听说他和盗贼之间还有书信来往，由于还没得到确实证据，所以也不敢告诉您，况且丞相在宫外掌理朝政，权力实际上比您还大。"秦二世觉得起高的话有道理，想逮捕审问李斯，又怕事情不确切，就派人调查三川郡守李由与盗贼相通的情况。

李斯知道了这些事情后，才明白赵高的险恶用心，便上书极力诋毁赵高，言辞十分尖利。

当时，秦二世在甘泉离宫，正在观看摔跤和滑稽表演，李斯不能面见，就上书向秦二世揭露赵高的错误，说："我听说，臣子的权势与君主相当，就会危害国家；妻妾的权势与丈夫相当，定然危害家庭。如今有的大臣在陛下身边专断国事，权力与陛下相差无几，这种情况对陛下很不利。

过去司城子罕在宋国当丞相，独断刑罚，以威势专权，过了一年就篡夺了君位。田常做齐简公的臣子，爵位在国内无人可比，个人的财产和国家的财产不相上下，他对人民广施恩惠，在下得到百姓的爱戴，在上得到群臣的拥护，他暗中把持了齐国的政权，在大堂杀害了宰予，又在上朝时谋杀了齐简公，终于夺取了齐国。这是天下人人周知的事情。如今赵高控制宫闱，有谋反的行为，就如子罕做宋国丞相时一样；私家的财富，也和齐国的田常相当。他结合田常、子罕那些叛逆的行为而窃取了您的威望，他的阴谋已经昭然若揭。陛下不设法对付，我怕他是要叛乱的。"秦二世说："这是怎么说的呢？赵高本来只是一个宦官，但他不因安逸而放松努力，不因危难而变心，行为廉洁，心地善良，他靠自己的努力才达到这个地位。他以忠诚、信义、恪守职责而得到提升，我觉得他实在是个好人，而你却怀疑他，这是为什么？况且我年纪轻轻就失去了父王，我没有什么知识，也不懂如何治理百姓，你又老了，我真怕这个国家没人去管理。在这种情况下，我不依靠赵高，依靠谁呢？而且赵高为人精明能干，很有魄力，下知人情，上能顺合我的心意，你就不要再对他怀疑了。"李斯说："不是这样的。赵高原来是个贱人，不懂治国的道理，贪心没有满足，追求私利从未休止，他的权势仅次于君主，可是索求的欲望还没有穷尽，所以我说他是危险的。"由于秦二世原来就很信任赵高，他怕李斯把赵高杀了，竟然暗中把这件事告诉了赵高，赵高说："丞相图谋不轨，所担心的就是我；如果我死了，丞相马上就会干田常篡位的勾当了。"于是秦二世下令说："把李斯交给郎中令赵高查办！"

赵高负责审办李斯。李斯被五花大绑，关在监狱里，仰天长叹说："唉，可悲啊！无道的昏君，怎能为他谋虑呢！过去夏桀杀贤臣关龙逢，商纣杀比干，吴王夫差杀伍子胥。这三位大臣，难道不忠吗？但是不免一死，虽为忠心而死，但效忠的对象却选错了。如今我的智谋不如这三位贤臣而二世残暴无道却胜过夏、桀、商纣和夫差，我以忠心而不得好报，这是必然的。况且二世的作为，难道不是荒谬的吗？过去他诛杀兄弟而自立为君,现在又杀害忠臣而提拔贱人,他修建阿房宫,在天下强征赋税徭役。不是我没有劝谏,而是他从不听我的劝告。凡是古代的圣贤君主,总是饮食有一定的节制,车马器用有一定的数量,宫室不超过一定的规模,凡是那些劳民伤财而不利于人民的事都要禁止,因此国家能够长治久安。如今二世谋害兄弟,不怕自己犯罪造孽;杀害忠臣,不考虑自己造成的祸害;大兴宫室,暴敛天下,不惜耗费国家财产。这三件坏事实行以后,天下人不再顺从他了。如今反叛的人已占天下的半数,而他还没有醒悟,反而以赵高为辅佐,不久我一定会看到盗贼攻入咸阳,秦宫变成一片废墟,麋鹿将会奔踏于往日的朝廷。"

于是秦二世就让赵高审办李斯,给李斯定罪,追究李斯和他儿子李由谋反的罪行,收捕李斯所有的宗族、宾客。赵高审问李斯,拷打了一千多板子,李斯耐不住疼痛,只好忍屈招供。李斯所以不自杀,是以为自己有才干,本来有功于秦朝,又确实没有谋反之心,他希望通过上书自陈,秦二世能醒悟而赦免他。于是李斯就在狱中上书说:"我当丞相治理人民已经30多年了,我曾见过当时秦国疆土狭小的境况。先王时,秦国的土地不过千里,士兵只有几十万,是我尽自己微薄的才能,谨慎地奉行法令,暗中派遣谋臣,让他们携带金玉去游说诸侯;我在国内暗中操练甲兵,整顿政教,奖励勇士,尊重功臣,提高他们的爵位俸禄,所以终于胁迫韩国,削弱魏国,攻破燕、赵,荡平齐、楚,最后兼并了六国,俘虏六国的君主,拥立先王做了天子,这就算我的第一条罪状吧。兼并六国后秦朝土地并非不广阔,而我又辅佐先王向北驱赶了匈奴、高丽,向南平定了百越,以显示秦朝的强威,这就算我的第二条罪状吧。我又在国内尊重大臣,提高他们的爵位,巩固他们与朝廷的亲密关系,这就算我的第三条罪状吧。我建立国家的社稷坛,祭祀宗庙,以宣明君主的贤德,这就算我的第四条罪状吧。我统一文字和度量衡,公布于天下,以树立秦朝的威望,这就算我的第五条罪状吧。我修建了许多可供皇帝出巡的大道,建议天子周游视察以显示君主得意的威风,这就算是我的第六条罪状吧。我减轻刑罚,少征赋税,使皇上得民众之心,万民拥戴,死而不忘,这就算是我的第七条罪状吧。像我这样的臣子,所犯的罪早就该死了。幸得陛下让我尽职尽力,才能让我活到今天,愿陛下审察我的罪行吧!"李斯把书信递出去后,赵高派人把信扔掉了,根本不送给秦二世,说:"囚犯哪能上书!"

赵高又派了十来伙自己的门客,假装成秦二世派来的御史、谒者、侍中等官员,轮流地审讯李斯。李斯又以实情对答,他们就让人反复拷打,后来秦二世派人来查问李斯,李斯以为还是原来那伙人,害怕再受刑,终于不敢推翻先前屈认的供词,只有招供认罪了。赵高把对李斯的判决上报秦二世,秦二世高兴地说:"要不是你,我差点被丞相所欺骗。"当秦二世派去调查李由的使者到达三川郡时,李由已被起义军的项梁杀了。使者回来时,李斯已经下狱,于是赵高就把李斯、李由都安上了反叛的罪名。秦二世二年七月,根据刑法李斯先受过五种刑罚,最后推到咸阳的街市腰斩。李斯和他的二儿子一起被押出监狱,李斯对他的儿子说:"我要是还想和你牵着黄狗,一起出上蔡县的东门去追逐狡兔,还能办得到吗?"于是父子二人相对痛哭,随后李斯三族都被诛灭。

太史公司马迁评论说:李斯从一个街巷平民游历诸侯,后来到秦国为相,由于善抓时机,以智谋辅佐秦始皇,终于完成了统一天下的帝业,李斯位居三公,可以说是受到重用了。李斯懂得儒家《六经》宗旨,不施行贤明的政治来弥补君主的缺陷,却贪恋高官厚禄,只顾阿谀奉承,实行严刑酷法,又听从了赵高的邪说,废扶苏而立胡亥。天下已经造反了,才想起劝谏秦二世,这岂不是太晚了吗?人们都认为李斯忠心耿耿,死得冤,其实认真考察一下,就不会有这样的看法了。要不然,李斯真可与周公、召公媲美了。

下笔作文 修订法规

——萧何传

萧何(？～公元前193)，汉初三杰之一，著名丞相。早年任秦沛县狱吏，秦末辅佐刘邦起义。攻克咸阳后，他接收了秦丞相、御史府所藏的律令、图书，掌握了全国的山川险要、郡县户口，对日后制定政策和取得楚汉战争胜利起了重要作用。楚汉战争时，他留守关中，使关中成为汉军的巩固后方，不断地输送士卒粮饷支援作战，对刘邦战胜项羽、建立汉代起了重要作用。萧何采撷秦六法，重新制定律令制度，作为《九章律》。在法律思想上，主张"无为"，喜好"黄老之术"，高帝十一年(前196年)又协助高祖消灭韩信、英布等异姓诸侯王。高祖死后，他辅佐惠帝。惠帝二年(前193年)卒，谥号"文终侯"。

一、功劳第一

萧何，沛县丰邑(今属江苏丰县)人。他不论在战争期间，还是在汉初恢复时期，都表现出了中国古代杰出政治家的风度和治国才能，几千年来都被人们所称颂。

汉高祖为平民时，萧何多次以官吏身份保护高祖。萧何曾任沛县功曹(县吏员)，平日勤奋好学，思想机敏，对历代律令很有研究，并好结交朋友，与刘邦是贫贱之交。刘邦当时只是一个小亭长，平时不拘小节，经常惹事。萧何就曾多次利用职权暗中袒护他，所以他们两个人的交情很好。公元前209年，陈胜、吴广起义。萧何和曹参、樊哙、周勃等人聚集商议，观察形势，并和早已起义的刘邦保持着联系。当时的沛县县令也想归附陈胜保住官位，就和萧何、曾参商议。萧何建议赦罪重用刘邦。他们就到芒砀山去找到刘邦。当他们回到沛县后，县令却变卦扣押了萧何。刘邦知道后大怒，带兵打回沛县，杀了县令，救出了萧何，共谋大计。萧何向大家宣布，公推刘邦为县令。因刘邦辞谢，萧何设占问之计，使刘邦无法推辞,当了起义的首领。从此,萧何紧随刘邦南征北战,立下了盖世的功勋。

秦朝监察本郡的御史与萧何共事,萧何常常把事办得很称职。萧何去参加泗水郡文书吏的公务考核,名列第一。秦朝御史想入朝进言征召萧何,萧何坚辞。

等到高祖兴兵为沛公,萧何常常履行丞相职务督办政事。刘邦率军勇往直前,直抵关中。萧何身为丞督,坐镇地方,督办军队的后勤供应。公元前206年10月,秦王子婴设计杀了丞相赵高,献出玉玺,向刘邦投降。于是,刘邦率军进入咸阳。将士们都趁乱抢掠金银财物,连刘邦也忍不住,趁着空闲,跑到秦宫中去东张西望。当他看到秦宫中华丽的装饰、成堆的金银珠宝……也不觉飘飘然起来,甚至贪恋秦宫的富贵而舍不得离开。唯独萧何,进入咸阳后,一不贪恋金银财物,二不迷恋美女,却急如星火地赶往秦丞相御史府,将秦朝有关国家户籍、地形、法令等图书档案都收藏起来,留待日后查用。因为依据秦朝的典制,丞相辅佐天子,处理国家大事。御史大夫对外监督各郡御史,对内接受公卿奏事。除了军权外,丞相和御史大夫几乎总揽一切朝政。萧何做官多年,他当然知道这些。所以,一入咸阳,他马上进入秦丞相御史府,把律令图书收藏起来,使刘邦对于天下的关塞险要、户口多寡、强弱形势、风俗民情等等都能了若指掌。后来,在楚汉战争中刘邦能克敌制胜,萧何功不可没。

萧何曾向刘邦推荐韩信,于是刘邦任命韩信为大将军,这件事记录在《淮阴侯列传》中。韩信原是项羽的部下,他有勇有谋,是天下无双的军事家。但在项羽手下却得不到重用,就投到刘邦麾下。开始,刘邦对他也不重视,韩信一气之下就跑了。萧何得知后,马上放下没处理完的紧急公务,亲自去追赶韩信,连个招呼也来不及向刘邦打。刘邦正为军中开小差的人日益增多而焦急,忽然有军吏来报告说:"萧丞相也跑了。"刘邦一听大惊失色,说:"这还了得! 我正要与丞相商议大事,怎么他也逃走了!"

当下派人去找萧何。一连两天也不见萧何的影子，急得刘邦坐立不安。萧何为追韩信，不辞辛苦，一路问，一路追，直到天黑了，还没追上韩信。正想休息一下，他忽然远远望见有个人牵着马在河边来回溜达。萧何快马加鞭，大声喊着："韩将军！韩将军！"他跑到河边后，下了马，气呼呼地说："韩将军，咱们总算一见如故，够得上是朋友。你怎么不说一声，就这么走了？"

韩信仍不吭气。萧何又说了一大篇劝他回去的话。这时候，滕公夏侯婴也赶到了，两个人苦苦相求，非要韩信回去不可。他们说："要是大王再不听我们的劝告，那我们三个人一起走，好不好？"韩信只好跟着他们回来。

到了第三天，他们才回到南郑。萧何会见刘邦。刘邦见到萧何，又喜又怒道："你为什么也想逃跑？"萧何说："我不敢逃跑，我是去追逃跑的人了。"刘邦问他："你追的是谁？"萧何回答说。"是韩信。"刘邦听了后很不以为然地说："逃走的将军有十多个了，也没听说你去追过谁，怎么偏要去追韩信？这明明是在骗我！"

萧何说："那些将军都容易得到，可韩信却是当今数一数二的杰出人才，跑了就再也没有第二个了。大王如果只想当个汉中王，没有韩信也就算了；如果要准备打天下，那就非用韩信不可。您到底准备怎么样？"

刘邦说："我当然想打出去，怎么能老是困闷在这里呢？"

萧何说："大王若决定出汉中，能重用韩信，他自然会留下；如果不重用他，他终究会离开的。"刘邦说。"我就依着丞相，让他做个将军，怎么样？"萧何说："叫他做将军，他还得走。""那拜他为大将军怎么样？"萧何说："很好。"刘邦当时就让萧何去召韩信来，要马上就拜他为大将军。萧何很直爽地说："大王平日太不注重礼仪了。拜大将军是件大事，不是小孩子闹着玩儿似的叫他来就来。大王若要拜韩信为大将军，先得造起一座拜将台，选个好日子；大王还得亲自戒斋，然后隆重地举行拜将仪式。这样，才能让全体将士都能听从大将军的指挥，就像听从大王的指挥一样。"刘邦说："好,我都听你的。请你去办吧。"

一个本来不出名的小官,如今一下子被拜为大将军,众人岂能不惊?偏偏刘邦、萧何又对他那么毕恭毕敬,大家更觉得莫名其妙。后来,韩信果然未令刘邦失望,也没有辜负萧何的良苦用心,在楚汉战争中,为刘邦消灭了项羽,平定了天下。所以,刘邦能够夺取天下,从一定程度上说,不可忽视萧何荐贤的作用。韩信拜将后,就向刘邦献计。先定三秦(关中),后围项羽。刘邦听了非常高兴,于是根据韩信的建议,调兵遣将。萧何作为丞相,留守巴、蜀,颁布法令;镇抚百姓,供给军粮,准备杀出汉中。公元前206年,刘邦逐步平定了关中。

汉王率兵向东平定三秦,萧何作为丞相留守收取巴蜀,抚慰谕告百姓,供给军粮。汉二年,汉王与诸侯攻打楚地,萧何留守关中,侍奉太子,坐镇栎阳。制定法令条规,设立宗庙、社稷、宫室、县邑,总要上奏请示,汉王也都同意,准许办理。即使来不及上奏,就酌情施行,汉王回来后再汇报,萧何在关中统计管理户口,水路运输军需,汉王多次弃军逃亡,萧何常征发关中士兵,用于补充缺额。汉王因此专门任命萧何负责关中事务。

汉三年,汉王与项羽在京、索两地之间对峙着,汉王派使者慰劳丞相。鲍生对丞相说:"汉王日晒雨淋,餐风露宿,却多次派人慰劳您,是对您有疑心。我为您着想,不如将您的子孙兄弟中能打仗的都派去军队,汉王一定会更加信任您。"萧何听从了他的意见,汉王十分高兴。

汉五年,已经杀了项羽,平定了天下,要论功行封。群臣争功,一年多功级定不下来。高祖认为萧何功最大,封为酂侯,享有的食邑最多。功臣们都说:"我们这些人亲身披甲上阵,多的打了一百多仗,少的也有几十个回合,攻城略地,大小各不等。如今萧何未曾有汗马功劳,只是舞文弄墨发议论,没打过仗,反而位居我们之上,为什么?"高帝说:"诸位知道狩猎吗?"功臣们说:"知道。"高帝说:"知道猎狗吗?"回答:"知道。"高帝说:"狩猎时,追杀野兽兔子的是狗,而发现踪迹指示出野兽所在之处的是人。现在诸位只能得到逃跑的野兽,是有功之狗。至于萧何,发现踪迹,指示出处,是有功之人。况且诸位只是亲身跟随我,多的也只是两三个人。现在萧何发动全族数十人都跟随我,功不可没啊。"群臣都不敢说话了。

各侯都已受封,等到奏请位次时,都说:"平阳侯曹参身负七十处伤,攻城略地功最多,应该排第一。"皇上已经委屈了功臣,多封了萧何,排位次时没有再次为难功臣,但是皇上心里想让萧何排第一,关内侯鄂千秋明白皇上的意思,于是进言说:"群臣议论的位次都不对。曹参虽然有野战略地之功,这只是一时之事。而萧何保全关中,使汉军始终有一个稳定的根据地则更为重要。皇上与造军对峙五年,常常是军队失散,士兵逃走,这种情况发生过多次,然而萧何总是从关中派遣军队补充缺额处,这并不是皇上下诏命令他做的,而关中的数万士兵开赴前线,正好赶上皇上兵源困乏的危急时刻,这种情况也多次发生。汉与楚军相持在荥阳多年,军中没有现成的粮食了,萧何从关中运输粮食,供给军粮从不缺乏;陛下虽然多次丢失山东地盘,萧何总是保全关中以待陛下,这是万世之功。现在即使没有曹参等几百人,对汉室有什么损失呢?汉室有了他们也不一定能保全。为什么要让一日之功位于万世功劳之上呢!萧何第一,曹参第二。"高祖说:"好。"于是下令萧何第一,赐带剑穿鞋上殿,入朝可以不小步快走。

皇上说:"我听说推荐贤者要受上等赏赐。萧何功劳虽高,经鄂君称述就更明显了。"于是根据鄂君原受封的关内侯食邑加封为安平侯,这天,萧何父子兄弟十几个人都受封了,皆有食邑。加封萧何两千户,因为皇帝去咸阳服徭役时,萧何独自多进了二百钱。

二、设计诛韩信

汉高祖刘邦为巩固政权,寻找借口陆续消灭异姓王。他见韩信功高望重,且握有兵权,就几次借故削去韩信的兵权,最后降为只有虚名的淮阴侯。公元前197年,阳夏侯陈豨谋反,自立为王。刘邦亲率大军前去征讨。当时韩信推说自己有病，没有随同前往。于是，韩信的一个门客求见吕后，告发韩信本是陈豨的知交，这次陈豨谋反，韩信是内应。准备在一天夜里，假传圣旨，把奴隶和犯人释放出来，袭击吕后和太子刘盈。

吕后一听，认为事关重大，便秘密召见丞相萧何。他们两人商量出计策，由萧何参加执行。第二天，萧何就让人去请韩信到相府赴宴。韩信自称有病，婉言谢绝了。萧何就亲自到韩信府上，以探病为由，直接进入韩信的内室。韩信再也无法推辞，只得与萧何寒暄一下。萧何说："我和你向来是好朋友，请你去赴宴，是有话对你说。"韩信忙问有什么话。萧何说："这几天皇上从赵地发来捷报，说征讨军大获全胜；陈豨已经逃往匈奴。现在朝中的王侯，都亲自进宫去向吕后祝贺。你自称有病不上朝，已经引起人们的怀疑了。所以我来劝你同我一起进宫，向吕后道贺，消除人们的怀疑。"萧何说的话，让韩信不得不信，于是就跟着萧何来到长乐殿向吕后道贺。哪里知道宫中早就埋伏好了武士，吕后一见韩信中计，喝令刀斧手将韩信绑翻在地。韩信见事情不妙，急忙呼叫："萧丞相快来救我！"哪知萧何早就避开了。吕后不容韩信申辩，命令武士把他拖到殿旁边的钟室中杀死。随后，又将韩信的父、母、妻三族捕杀净尽。萧何辅助吕后谋杀韩信，符合刘邦巩固政权的需要，为刘邦除去了一块心病。

三、功高恐震主

汉十一年，陈豨反叛，高祖御驾亲征，来到邯郸。还未罢兵，又传来了淮阴侯韩信要在关中谋反的消息，是吕后用萧何出的计谋杀了淮阴侯，皇上听说后很高兴，派使者拜丞相萧何为相国，加封五千户，还命令五百士兵、一个都尉为相国卫队。诸位同僚都来祝贺，只有召平深感忧虑。召平是秦朝东陵侯，秦朝破灭成为平民，生活贫苦，在长安城东种瓜，瓜味甜美，所以民间称为"东陵瓜"，是随召平的封号取名的。召平对相国说:"祸害从此开始了。皇上在外日晒露宿而您却留守宫中,没有经历战事而加封设置卫队,这是因为现在淮阴侯刚在京都反叛,皇上也产生了怀疑您的心理。设置卫队保护您并不是宠爱您,希望您推辞不受封,拿全部家产资助军队,那样汉皇心里才会高兴。"相国听从召平的意见,高祖真的大喜。

汉十二年秋天,黥布反叛,皇上亲自率兵攻打,多次派使者问相国在干什么。相国因为皇上在外带兵,就安抚勉励百姓,捐出自己全部财产给军队,像讨伐陈豨叛乱时一样,有来客劝相国说:"您被灭族不久了。您位居相国,功劳第一,还可加封吗?但是您初入关中时,深得民心,十多年了,百姓都亲附您,您还勤勉从政,得到了百姓的由衷热爱,皇上数次询问您在干什么的用意,是怕您撼动关中。现在您何不多买田地,放些高息贷款来自我贬损一些名誉?这样皇上才会安心的。"于是相国听从了他的意见,皇上果然十分高兴。

皇上打败了黥布的军队返回,途中民众拦路上书,说相国强迫贱买百姓的田产住宅价值数千万。皇上回到宫中,相国拜见。皇上笑道:"相国这岂是利民的行为!"把民众的上书都给了相国,说:"您自己向百姓谢罪吧。"相国于是为民请命说:"长安地少,上林中多废弃荒地,希望下令让百姓进去耕种,并不要收缴秸秆当禽兽的食料。"皇上大怒道:"相国多多地接受了商人的财物,才为他们请求要我的上林苑!"于是把相国交给了延尉,用别具押起来了。几天后,王卫尉侍奉皇上,王卫尉上前问皇上:"相国犯了什么大罪,陛下拘禁得这么凶?"皇上说:"我听说李斯辅佐秦帝时,有成绩归功皇上,有过错自己承担。现在萧相国多次接受商人的金钱而为民请命要我的上林苑,这是他自己讨好民众,所以要押起来治罪。"王卫尉说:"职责权限内如果能方便民众而为民请命,这才是宰相真正的事务,陛下为什么要怀疑相国接受了商人的钱呢!况且陛下与楚军对峙数年,陈豨、黥布反叛,陛下亲自率兵前去平叛,当时相国留守关中,只要他一摇脚,关中以西就不属于陛下所有了。

相国不趁这个时候谋私利，能到现在才贪图商人钱财小利吗？况且秦国由于听不到自己的过失才失天下的，这都是李斯分担了过错，又怎么值得效法呢。陛下为什么会怀疑宰相如此浅薄呢？"高祖听了不高兴。这天，派使者持符节赦免放出相国。相国年老了，平素就谦恭谨慎，入朝，赤脚谢罪。高帝说："相国算了吧！相国为民请命，我不许，我不过是像桀、纣一样的君主，而相国是贤相。我故意拘禁了相国，是想让百姓知道我的过错。"

四、举贤不避仇

刘邦晚年，宫廷内部发生了一场废立太子的斗争。刘邦要废掉太子刘盈，改立赵王刘如意为太子。只是由于萧何等大臣的多次诤谏，刘邦才一直未作决定。公元前 195 年，刘邦病死，萧何辅佐太子刘盈登上帝位，这就是汉惠帝。萧何继任丞相。萧何为相期间，在制订汉朝的典章制度方面还办了一件大事，即作《汉律九章》。在约法三章的基础上，参照秦法，摘取其中合乎当时情况的内容，制成律法。这是汉朝制作律令的开端。萧何制定的《汉律九章》，删除了秦法的苛繁、严酷，使法令明简。公元前 193 年，年迈的相国萧何，由于长期为汉室操劳，终于卧病不起。病危之际，汉惠帝亲自去探望他，并趁机询问："您百年之后，有谁可以代替您来做丞相？"接着惠帝又问："曹参怎么样？"萧何听了，竟挣扎起病体，向惠帝叩头，说："皇上能得到曹参为相。我萧何即使死了，也没有什么遗憾了！"这番话表明，萧何为国家为百姓着想，不记宿怨的大度胸怀。

萧何购置的田产住宅，一定是在穷乡僻壤，所建住房都不修围墙。他说："后代贤能，就会学习我的节俭；如果不贤能，家产也不会被权势之家夺去。"汉惠帝二年，相国萧何去世，谥号文终侯。萧何的后代由于犯罪，四代失去侯爵封号，每次断了继承人时，天子就再寻求萧何的后代续封酂侯，其他功臣没有人能比得上。

太史公司马迁评说:萧相国在秦朝是个舞文弄墨的小吏,庸庸碌碌没有奇绩,等到汉兴,仰仗皇上的余光,萧何谨慎下笔作文,利用百姓痛恨秦朝法规,顺应潮流与百姓共同修订法规,淮阴、黥布等都被杀了,而萧何的功勋却光辉灿烂。他位冠群臣之首,声名流传后世,可与闳夭、散宜生等竞评功烈了。

细柳扬名　平定七国

——周亚夫传

周亚夫(公元前199—公元前143),西汉时期的著名将军、军事家,汉族,沛县(今江苏沛县)人。他是名将绛侯周勃的次子,在历史上也是非常有名的军事家,在七国之乱中,他统帅汉军,三个月平定了叛军。后死于狱中。

一、屯军细柳　君命不受

周亚夫当初未被封侯,只任河内郡守,过了三年,周亚夫的哥哥绛侯胜之有杀人罪,汉文帝选择绛侯诸子中最贤能的人,大家都推举周亚夫,于是文帝封亚夫为绛侯,作周勃的继承人。

文帝后元六年,匈奴大举出兵,侵扰汉朝国境。文帝便任命宗正刘礼为将军,驻军灞上;任命祝兹侯徐厉为将军,驻军棘门;任命河内郡守周亚夫为将军,驻军细柳,用以防备匈奴。文帝亲自去慰劳部队,来到灞上及棘门驻军营中,骑马直接驰入营地,将领和下属官兵也都下马迎进送出。然后来到细柳军营,军中将士都身披铠甲,手持锐利的兵器,弓箭上弦,张弓待发。皇帝车骑的前导来到营前,进不了门。前导说:"皇帝的车骑马上就要到了。"守卫营门的都尉说:"将军有命令:'军中只听将军的命令,不听天子的诏令。'"过了一会儿,皇上的车马到了,仍旧进不了门。于是皇上就派使者拿着符节诏告周亚夫:"我要进入军营慰劳军队。"周亚夫这才传下命令打开营垒大门。守门的士兵对皇帝的随从人员说:"将军规定,军营中不许骑马奔驰。"因此皇上也就放松缰绳缓慢骑行。到了军营大帐,将军周亚夫手持兵器向前施礼说:"披甲戴盔的武士不行跪拜礼,请让我用军中礼节来拜见您。"皇上深受感动,表情变得严肃起来,凭靠在车前横木上向军中将士致敬,让人宣告说:"皇上郑重地慰劳将军。"慰劳仪式结束后离营而去。走出军门后,跟随的大臣都很惊讶。文帝感叹说:"啊,这才是真正的将军。以前慰劳过的灞上和棘门两军,他们的军纪就像小孩儿做游戏一样随便。那种将军当然会遭到袭击并被敌人俘虏。至于周亚夫,敌人会得到机会冒犯他吗?"这样称赞了很久。一个多月后,三支部队都撤防了。于是就任命周亚夫为中尉。周亚夫"将在外君命有所不受"的典故也被传为佳话。

汉文帝临去世时,告诫太子说:"国家发生急难,周亚夫可以统率部队,真正担当起重任。"文帝去世,周亚夫被任命为车骑将军。

二、英明善谋　平定叛乱

汉景帝三年(前154),吴、楚等七个诸侯王国发动武装叛乱。吴王刘濞亲自领兵20万来犯,北渡淮河,会合楚军。先向梁国进击,又派奇兵到崤、函之间埋伏起来,伺机行动。周亚夫以中尉的身份代行太尉的职务,奉命率领大军东进,反击吴楚叛军。走之前,他得便亲自请示皇上说:"吴楚兵士凶悍迅猛,与他们正面交锋很难打胜。希望能先听任吴楚叛军进攻梁国而不去救,断绝敌人的粮道,然后才可制服他们。"这个先予后取、避实击虚的策略,得到景帝的同意。

周亚夫率大军到灞上时,有个名叫赵涉的人拦道对他说:"将军东诛吴楚,胜则宗庙安,不胜则天下危,能用臣之言乎?"周亚夫当即下车,向这人行礼请教。赵涉说,吴王刘濞得知将军领兵出发,必然伏兵于东去路线上崤山至渑池险要之处,伺机伏击。况且兵贵神速,将军为什么不从此向右行进,走蓝田、武关一线,奔向洛阳,不过相差一二日就可赶到。到了洛阳,先控制武库,击响战鼓。诸侯听到消息,会以为将军从天而降。周亚夫采纳赵涉的建议,南出武关,经南阳到达洛阳,据有洛阳武库,抢先占了荥阳,控制敖仓,还抚慰游侠剧孟。他派兵到崤、渑间搜索,果然捕到吴王所遣的伏兵。于是任赵涉为护军。

吴楚联军"先击梁棘壁，杀数万人"，围攻梁军于睢阳。梁王刘武请求周亚夫派兵救援。这时周亚夫曾向邓都尉（原是周勃门客）请教破敌之策。邓都尉说："吴兵锐甚，难与争锋。楚兵轻，不能久。方今为将军计，莫若引兵东北壁昌邑，以梁委吴，吴必精锐攻之。将军深沟高垒，使轻兵绝淮泗口，塞吴饷道。彼吴梁相敝而粮食竭，乃以全强制其疲极，破吴必矣。"周亚夫说："善。"于是确定了"坚壁昌邑南，轻兵绝吴饷道"的战策。他带军向东北进至昌邑，深沟高垒而防守。梁王一再派使者来向周亚夫请求援助，周亚夫按既定策略，不发兵。梁王上书向景帝报告，景帝派使者诏令周亚夫救援梁国。周亚夫不执行诏令，仍然坚守营垒不肯出兵，而派遣弓高侯韩颓当率领轻骑兵断绝吴军后面的粮道，然后将大军推进到下邑。

这时吴楚联军已感到进退两难，乃回军向下邑，要与汉军主力决战，多次向汉军挑战，周亚夫始终不出兵应战。夜间，汉军营中突然惊动，互相攻击，扰乱到周亚夫帐旁。周亚夫安卧不起。过了一会儿，就安定了。吴军拉到汉军营垒的东南角，摆出在东南进攻的态势，周亚夫却安排在营垒的西北角加强戒备。一会儿吴军的精锐部队果然调到西北方发起进攻，但不能攻入。吴楚联军因为饥饿，不得已引军撤退。周亚夫乘机发动精锐部队追击，大破吴军。吴王刘濞丢弃自己的军队，带着几千名士兵逃跑，到了长江以南，在丹徒进行防守。楚王刘戊走投无路而自杀。汉军乘胜追击，俘虏了大部分吴楚将士，平定了许多县邑，并悬赏黄金千两捉拿吴王。过了一个多月，越地民众斩了吴王刘濞的头前来领赏。这次用兵，前后三个月，平定了吴楚七国之乱。到这时候，将领们都承认太尉周亚夫的计谋正确，只有梁王刘武从此与周亚夫有了嫌隙。

汉军凯旋，朝廷重新设置太尉官，正式任命周亚夫为太尉。过了五年，景帝七年（前150）二月，周亚夫升任丞相，深受皇帝的器重。

三、终被疏远　悲剧人生

在公元前152年，丞相陶青有病退职，景帝任命周亚夫为丞相。开始景帝对他非常器重，由于周亚夫的耿直，不会讲政治策略，逐渐被景帝疏远，最后落个悲剧的结局。

有一次，景帝要废掉栗太子刘荣，刘荣是栗姬所生，所以叫栗太子。但周亚夫却反对，结果导致景帝对他开始疏远。还有和他有仇的梁王，每次到京城来，都在太后面前说周亚夫的坏话，对他也很不利。

后来，有两件事导致了周亚夫的悲剧。一件是皇后的兄长封侯，一件是匈奴王封侯。窦太后想让景帝封皇后的哥哥王信为侯，但景帝不愿意，说窦太后的侄子在父亲文帝在世的时候也没有封侯。窦太后说她的哥哥在世时没有封侯，虽然侄子后来封了侯，但总觉得对不起哥哥，所以劝景帝封王信为侯，景帝只好推脱说要和大臣商量。

在景帝和周亚夫商量时，周亚夫说高祖说过，不姓刘的不能封王，没有功劳的不能封侯，如果封王信为侯，就是违背了先祖的誓约。景帝听了无话可说。

后来匈奴王唯、许卢等五人归顺汉朝，景帝非常高兴，想封他们为侯，以鼓励其他人也归顺汉朝，但周亚夫又反对说："如果把这些背叛国家的人封侯，那以后我们如何处罚那些不守节的大臣呢？"景帝听了很不高兴："丞相的话迂腐不可用！"然后将那五人都封了侯。周亚夫对此事不满，便实行了"软对抗"，失落地托病辞职。景帝批准了他的要求。景帝中元三年，他因病被免去丞相职务。

此后，景帝又把他召进宫中设宴招待，想试探他脾气是不是改了，所以他的面前不给放筷子。周亚夫不高兴地向管事的要筷子，景帝笑着对他说："莫非这还不能让你满意吗？"周亚夫羞愤不已，不情愿地向景帝跪下谢罪。景帝刚说了个"起"，他就马上站了起来，不等景帝再说话，就自己走了。景帝叹息着说："这种人怎么能辅佐少主呢？"

周亚夫此后便渐渐被疏远。

过了没多久，周亚夫的儿子为父亲从造皇室器物的工官那里买了五百具作殉葬品的铠甲和盾牌。搬取货物的雇工因周亚夫的儿子不给工钱而非常痛恨他。雇工知道他偷偷买的是皇家器物，因气愤而上书给皇帝告发了他。这件事牵连到周亚夫。皇帝看到告发的书信，将此事交给有关官吏审理，官吏根据文书所列罪状责问周亚夫，周亚夫不答对。景帝骂道："你们审理此案太不中用，我不用你们了。"于是将廷尉召来处理这件事。廷尉责问周亚夫说："你想要造反吗？"周亚夫回答说："我家所买的器物，都不过是殉葬用的东西。怎么能说是想造反呢？"审问官说："你即使不在地上造反，看来也要在地下造反。"官吏审讯他越来越紧。刚开始，官吏去逮捕条侯时，周亚夫不愿意受辱，于是想自杀，夫人制止住了他，因此他没有死成，最终进了廷尉的监狱。在监狱里他因绝食五天，最后吐血而死。封国也被废除。

封国被废除一年后，景帝又改封绛侯周勃的另一个儿子周坚为平曲侯，作绛侯的继承人。他为侯十九年去世，谥号为共侯。他的儿子周建德继承爵位，为侯十三年，做了太子太傅。因他献给皇帝祭祀宗庙用的酎金不合标准，元鼎五年，他被牵连有罪，封国又被废除。

条侯周亚夫死后，景帝便封王信为盖侯。

太史公曰：周亚夫用兵，军容威严整肃，表现坚毅忍耐，就是战国的司马穰苴又超出他多少呢？可惜他满足于自己的才智而不注重学习，严守节操却不够恭顺，最后落个穷困的结局。太可悲了！

文韬武略　治世能臣

——曹操传

　　曹操,字孟德(155—220),又名吉利,小名阿瞒。沛国谯(今安徽亳县)人。东汉末任洛阳北部尉、顿丘令、议郎、骑都尉、东郡太守等职。曾参与讨伐董卓。在镇压黄巾起义中,逐步扩充军事力量。献帝刘协建安元年(196),挟献帝自洛阳迁都许昌,封费亭侯、武平侯、录尚书事。又拜宰相,任司空,行车骑将军事,统管文武百官。后又挟献帝号令诸侯,先后消灭吕布等割据势力,并在官渡之战中大败袁绍,逐渐统一中国北部。在北方实行屯田,兴修水利;用人打破世族门第观念,抑制豪强,罗致地主阶级中下层人物,加强中央集权;积极推行法治,对社会发展起了积极作用。建安十三年(208)率军南下,被孙权刘备联军击败于赤壁。遂与孙、刘形成三足鼎立之势。建安十八年(213)封魏公,建魏国。建安二十一年(216)时爵魏王。建安二十五年(220)卒,终年66岁。后其子曹丕代汉,追尊为武帝。曹操精通兵法,著有《孙子略解》、《兵书接要》等书。《隋书·经籍志》有《魏武帝集》,已佚,今有新编《曹操集》问世。《三国志·魏书》有《武帝纪》,斐松之《三国志》注引王沈《魏书》、鱼豢《魏略》、司马彪《续汉书》、张璠《汉记》、吴人《曹瞒传》等书,对曹操事迹多有补正。

　　曹操是汉朝相国曹参的后代。其父曹嵩,官至太尉。曹操文韬武略杰出,才干非凡,是当时著名的政治家、军事家和文学家,对东汉末期社会经济的发展、政治变革和文化繁荣起到了积极的推动作用。

一、打黄巾　攻董卓

　　《曹瞒传》里说,曹操又名吉利,小字阿瞒。所以曹操也被称为曹阿瞒或者曹瞒。曹操的父亲叫曹嵩(字巨高),做过中常侍(太监),曹腾(字季兴)的养子,曹腾的父亲叫曹节(也有人认为叫曹萌,字符伟)。《曹瞒传》和《世语》中说,曹嵩本姓夏侯,是夏侯惇的叔父。不过这种说法并不可靠,虽然陈寿在《三国志》中比较暧昧地将诸夏侯、诸曹放在一起列传,但是《三国志》中却也详细交代了曹家和夏侯家后人通婚的情况。按照古人同姓不通婚的原则,曹嵩本姓夏侯的说法是站不住脚的。曹嵩到底姓什么?陈寿说他"莫能审其生出本末"。

曹操少年时机警,有权术谋略,而且以侠义自任,放纵不羁,不修养品行、学业,所以社会上的人尚未认识他的卓越才能,只有梁国的桥玄、南阳郡的何颙看重他。桥玄对曹操说:"天下将要动乱,不是闻名于世的杰出人才是不能拯救的,能够安定天下的人,大概是你吧!"熹平三年(174),20岁的曹操,被荐举为孝廉,做了郎官,出任洛阳北部尉,步入了仕途。后调升顿丘县令,征召任命为议郎。

中平元年春二月,钜鹿人张角发动36万人在全国各地进行农民起义。起义军声势浩大,以"苍天已死,黄天当立,岁在甲子,天下大吉"为口号席卷各地。因起义军以头裹黄巾为标志,史称黄巾起义。汉灵帝大惊,命左中郎将皇甫嵩、右中郎将朱儁率步骑四万余人重点进攻颍川黄巾军,曹操也被封为车骑都尉协同作战。曹操与皇甫嵩、朱儁合兵作战,击退敌军。不久张角病死,被开棺戮尸,其弟张梁也战死,黄巾起义宣告失败,曹操以军功升迁为济南相。济南是青州治下的一个郡国。由于天子封了子孙在济南国为王,所以济南不称郡而称为国。济南相就是济南国的国相,当时王公是不能直接过问属国事务的,必须由中央任命的国相来管理属国,国相的地位和太守大致相当。曹操在担任济南相的时候还是颇有一番政绩的:济南国有十余县,很多官员都依附贵戚,狼狈为奸、贪赃枉法,前任的国相都因为畏权不敢举奏。曹操上任后,立即整顿吏治,上奏将其中八县的长官免职。以前,城阳景王刘章曾经有功于汉,在他的属国有人为他立祠,青州其他郡国也纷纷效仿,其中济南国立的祠最多,大约有六百余。商人和官员崇尚祭祀,奢侈之风蔓延,而人民生活却很贫困。曹操到任后,破坏祠屋,严厉禁止这样奸邪、鬼神的风气,使人民安居乐业。曹操在担任济南相之后又转为东郡太守,可他没有去上任,称病还乡。

汉灵帝中平五年,冀州刺史王芬、前太傅陈藩的儿子逸、平原术士襄楷、南阳人许攸、沛国人周旌等人联合了一些豪杰,计划假称黑山贼攻破了一些城池要求起兵讨伐,趁皇帝北巡河间的时候起兵谋反,废掉汉灵帝,立合肥侯,杀尽宦官。他们把这件事情知会曹操,曹操说:废立的事情对全天下来说是有影响的,古人中有能力行废立之事的,也只有伊尹和霍光二人。而此二人都是心怀忠诚,居于宰辅的高位,手中握有权力,且顺从众意才得以成功的。现在你们这些人只是考虑了前面这些轻率的行动,却没有看到当今行事的困难。然而世事造化是无常的,你们的计划必会失败,这是很危险的。后来王芬等人果然事败。

金城人边章、韩遂杀了刺史、郡守举行叛乱,部众十多万人,天下骚乱动荡,拟征召曹操做典军校尉。恰逢灵帝逝世,太子即位,太后临朝听政。大将军何进和袁绍策划诛杀宦官,太后不听从,何进就召来董卓,想利用他来胁迫太后,董卓未到达而何进被杀。董卓到后,废黜少帝为弘农王而立献帝刘协。董卓上表推荐曹操做骁骑校尉,打算跟他商议国事。曹操于是改名换姓,从小路向东回乡。出了虎牢关,经过中牟县,被亭长怀疑,逮到县里。县城中有人暗中认出他,替他求情,得以释放。董卓终于杀了太后和弘农王。曹操到了陈留,散发家财,纠集义兵,准备凭借这支队伍来诛杀董卓。冬季十二月,开始在己吾起兵,这一年是中平六年。

初平元年(190)春季正月,后将军袁术、冀州牧韩馥、豫州刺史孔伷、兖州刺史刘岱、河内太守王匡、勃海太守袁绍、陈留太守张邈、东郡太守桥瑁、山阳太守袁遗、济北相鲍信同时起兵,各有数万人,推举袁绍做盟主,曹操代理奋武将军。

董卓听到义兵起事,就逼迫天子迁都长安。董卓留守洛阳,于是焚烧了宫殿。这时,袁绍驻扎在河内,张邈、刘岱、桥瑁,袁遗驻扎在酸枣,袁术驻扎在南阳,孔伷驻扎在颍州,韩馥在邺城。董卓兵力强大,袁绍等没有人敢领先进军。曹操道:"发动义兵来讨伐逞凶作乱的人,大军已经集合,各位还迟疑什么?假使董卓听到崤山以东的义兵起事,倚仗朝廷的重威,占据二周的险隘,向东进军来控制天下;即使他的行为违背道义,也能够成为祸害。如今焚烧了宫殿,劫持天子迁都,海内百姓震动,不知道归附谁,这是天灭亡他的时候啊,打一仗就可以使天下安定了,不可以丧失时机啊。"于是率兵向西,准备占据成皋,张邈派部将卫兹分兵跟随曹操。抵达荥阳的汴水,碰上董卓的部将徐荣,交战失利,士兵死伤很多。曹操被流箭射中,所骑的马也受了伤,堂弟曹洪把马让给曹操,他才得以乘夜逃脱,徐荣见到曹操所率领的士兵虽然少,却奋战一整天,认为酸枣不容易攻下,也就率兵撤回。

曹操回到酸枣,各路军队十多万士兵,天天摆酒盛会,不考虑进取。曹操责备他们,乘机献计说:"请各位听从我的计策,让勃海太守袁绍率领河内的军队进逼孟津,酸枣的各位将领防守成皋,占据敖仓,封锁轩辕和太谷,完全控制它的险要地方。让袁术率南阳的军队进驻丹水、析县,进入武关,以震撼三辅;所有的军队都构筑高深的壁垒,不跟敌军作战,多布置疑兵,显示天下的形势,以正义诛伐叛逆,是可以很快平定的,如今军队依据正义而行动,却抱着犹疑的态度而不前进,使天下的人失望。我私下替各位感到羞耻。"张邈等人不接受这个意见。

曹操士兵少,就和夏侯惇等人到扬州招募士兵,扬州刺史陈温、丹阳太守周昕送给士兵四千多人。回到龙亢县,士兵大多叛逃了。到了铚县、建平县,又收集士兵,得到一千多人,进驻河内。

袁绍和韩馥策划立幽州牧刘虞做皇帝,曹操抵制这样做。袁绍又曾经获得一方玉印,在曹操座中向他举着手臂,曹操由此耻笑并且厌恶他。

初平二年,黑山贼于毒、白绕、眭固等人率领十万余人攻打冀州的魏郡、兖州的东郡等地,刚上任的东郡太守王肱抵挡不住。曹操引兵到东郡来救援,在濮阳城(东郡郡治)击溃了白绕。袁绍就上表朝廷,推荐曹操接替王肱担任了东郡太守,移治东武阳。

从表面上看,袁绍只是上表推荐曹操担任东郡太守,朝廷似乎并没有批复。其实在那个群雄割据的时代,皇帝连自己都顾不了,哪还管得了这些军阀当不当官的事呢?一般地,只要有人推荐你当什么,你就是什么了,根本不用等朝廷回复,上表朝廷只是象征性地表示一下尊重而已。比如袁术推荐孙坚做破虏将军领豫州刺史,孙坚从此就认真地做起了这个破虏将军领豫州刺史,甚至他的儿子们还"主动"地去世袭了这个爵位,孙家的掌门人从此就叫"孙破虏"了。

在曹操平定民变的时候,讨伐董卓的联军盟主袁绍先生也没有闲着,他跑去吞并了自己的上级兼盟友——冀州牧韩馥的地盘。这件事情是这样的,韩馥在安平屯兵的时候,和幽州牧刘虞的部将、奋武将军蓟侯公孙瓒(字伯珪)有一些军事上的冲突,韩馥被公孙瓒击败。公孙瓒趁着联军讨董的机会,也打着联军的旗号,进了冀州,攻城略地。韩馥本是一介文人,一下子就急得不知所措。这个时候来了两个"好好先生"给韩馥出主意,他们说公孙瓒的部队很骁勇,韩馥必定抵挡不住,不如请袁绍来冀州主政。让我们看看给韩先生出主意的这两个人都是谁——陈留高干、颍川荀谌。高干是袁绍的外甥,荀谌是袁绍的幕僚。这是一个很明显的引狼入室的凶招,可是韩馥却照单收下了。长史耿武、别驾闵纯、治中李历以及从事赵浮、程奂等都不赞成这样的决定,可是老实的韩先生却说自己的才干确实不如袁绍,愿意把这个冀州牧的位置让给袁绍来做。

初平三年(193)春,黑山贼于毒等人趁曹操屯兵顿丘的时候袭击兵力空虚的东武阳。曹操并没有回师东武阳,而是引军向西进入山区,攻打黑山贼的大本营。很多将领都不理解,曹操说:昔日孙膑为了救赵国而围了魏国的都城大梁,耿弇为了赶走西安(今山东桓台东)的敌人而去攻打临淄。如果敌人听到我们西进的消息而撤兵,东武阳的危险自会解除;如果他们不撤兵,我们也能攻破他们的大本营,而他们也无法占领东武阳。

于毒听说曹操要袭击自己的大本营的消息,果然放弃攻打东武阳,撤兵返回。曹操引军中途截击黑山贼眭固的军队,大破敌军。这时,本已归化的南匈奴单于之子于夫罗,趁着天下大乱的机会,与白波军一起攻破了太原、河内,成为一股流寇势力。曹操引军攻打,在内黄大破于夫罗部。

青州黄巾军余部号称百万之众攻入兖州,杀死任城相郑遂,又窜入东平郡。兖州刺史刘岱(字公山)想出兵剿灭他们,鲍信劝谏道:现在敌人有百万之众,老百姓们都很惶恐,士兵也没有斗志,与他们是无法匹敌的。我发现现在敌人是乌合之众,部队又没有辎重,只是靠四处抢掠维持,现在我们让部队养精蓄锐,先固守城池。敌人欲战不得,欲攻不能,他们的士气就会下降,军心就会涣散。然后我们再选精锐的部队攻击他们的要害,就可以破敌了。刘岱并没有听从鲍信的计策,而是领兵出战,果然战败被杀。

这时兖州无主,陈宫劝说曹操到兖州来主事,让曹操以兖州为基地成大业。陈宫又对州中官员说:今天下分裂而州无主;曹东郡,命世之才也,若迎以牧州,必宁生民。鲍信等也很赞同,于是去东郡把曹操迎来接任兖州牧。

曹操率军剿灭黄巾,在寿张城东边遭遇敌军。曹操引兵千余人巡视战场的时候到了黄巾兵的营盘,曹操与战不利,损失数百人,撤退回营,黄巾军趁势追击。黄巾兵多,而且凶悍,曹操兵少,且多为新兵,见到大队的黄巾兵追来,士卒都很害怕。为了鼓舞士气,曹操亲自披甲上阵,巡视营盘、明令赏罚，于是士气大振，奋勇击退了黄巾军。可是鲍信却在这次战斗中阵亡了，曹操很是伤感，悬赏重金想求得鲍信的尸骨，可是没有成功。曹操就派人照着鲍信的模样刻了木雕，哭着祭奠鲍信。

黄巾军给曹操发来书函，说汉朝的气数已尽，应该是黄巾的天下了，这是天地的运势，不是靠你一个人的才干所能挽救的。曹操大怒，决定与之死战。于是设下埋伏，昼夜会战，大破敌军。这年冬天，曹操追击黄巾军一直到了济北国，黄巾军走投无路，就来乞降。曹操接受了投降，收得降卒30多万人以及老百姓100余万，曹操选其中精壮青年留下，编为青州兵，将其余的解散。

在曹操忙不迭地讨伐叛军的时候，京城那边也发生了不少事情。到了长安的董卓比他以前在洛阳的时候更加嚣张，更加胡作非为。他自己给自己封了一个比三公还要大的官职，叫太师，成了东汉当权者中的第一人。他还觉得这些不够，就自称"尚父"，以姜子牙自居，出门时乘青盖金华车，爪画两𫐐，号曰竿摩车，让百官，甚至包括公卿看到他的车都要跪拜行礼，而他则不还礼。他还把掌握军权的官职爵位都封给了自己的亲信。在长安城外，他修建了一座新城，城墙比长安还要高，称为湄坞，在那里囤积了30年都吃不完的粮草。董卓又推行法令，改大钱为小钱，从中牟利，一时间一斛米价涨到数十万，民不聊生。

董卓好杀，生性残忍，他制造一些苛刻的法令，使冤死的人不计其数。

初平三年(193)四月，司徒王允、尚书仆射士孙瑞、卓将吕布谋划刺杀。正好，汉献帝大病刚好，在未央殿大会群臣。吕布派同乡骑都尉李肃等，带亲兵十余人，化装成卫士守在掖门。吕布拿着诛杀董卓的诏书。董卓到时，李肃等人上前刺杀。董卓惊呼：吕布何在？吕布说"有诏"，杀死了董卓，将其灭了三族。长安城的百姓听说了这件事情都很高兴，载歌载舞。

关于这件事情,《三国演义》及一些民间传说说了一些美丽的故事,比如《凤仪亭》《连环计》等等,不过史料里没有详细的记载。能让吕布杀董卓,王允等人应该给了吕布好处,有可能是色诱,也有可能是利诱。至于色诱吕布的那位是谁,历史上并没有正式记载。不过"貂禅"是汉朝宫内女官的官名,王允的家里是不可能有"貂禅"这样的丫鬟的。

董卓虽然被杀死了,但是京城的太平日子还远没有到来。

当时董卓的女婿牛辅屯兵在陕西,因被手下出卖而被杀。牛辅死后,他的手下的几个校尉李傕、郭汜、张济都很恐慌,害怕朝廷惩罚他们。于是他们向长安暗示,如果可以赦免他们,他们愿意带兵归降。可是当时主理朝政的司徒王允是一个不通变更的强硬分子,他认为此三人是董卓余孽,不可以被赦免。于是李傕、郭汜、张济三人采用了贾诩(字文和)的点子,在长安以西的雍、凉两等地收集军马,途中又遇到了董卓的旧部樊稠、李蒙、王方等人,于是他们和兵一处,攻打长安。长安在被围了十天之后,终于被攻破,吕布逃跑了,准备去投奔袁术,而王允不肯逃,要与朝廷共存亡,他被李、郭等人抓住了。城破之后,李、郭等人使兵掠城。他们将王允全家杀死弃市,其他参与谋害董卓的人也未能幸免。甚至因为王允、吕布、李肃等人是并州人的缘故,他们杀了一大批并州人。

杀人报仇之后,这几位爷迫使朝廷让他们做了将军——李傕做了车骑将军,郭汜做了后将军,樊稠做了右将军。他们三位把长安城分为三个防区,各管一区,而他们的士兵都是目无法纪的,把京城百姓都当成被他们征服的奴隶。而张济的实力比不上他们三位,就做了骠骑将军,离开长安,屯兵弘农。

不久,李傕为了争权,杀死了樊稠。郭汜害怕成樊稠第二,整天提心吊胆,最终还是与李傕刀兵相见。他们在长安一带打来打去,一直打到了兴平二年(196)。由于董卓先前的暴政,长安城的百姓本来就很困苦,与关东的州郡早已没有贸易联系。这两位一打就是几年,长安的物资更是稀缺,物价飞涨,麦子的价钱都涨到了 2000 万钱一斛。《后汉书》里提到长安"人相食啖,白骨委积,臭秽满路"。

李傕将汉献帝从宫里接了出来,安置在自己的营盘内,满朝公卿,忠心耿耿,徒步随天子的车驾也来到了李傕的营盘。李傕又派一部分公卿去郭汜那里求和,郭汜又把这部分公卿扣留在自己的营盘内。这时张济赶到长安,出面调停,两人才答应和解,于是李傕放出皇族,郭汜放出公卿。

皇帝的公卿在郭汜和杨定、杨奉、董承等人的护送下离开了长安,当人马走到华阴的时候,郭汜突然后悔,想再次劫持皇帝。杨定、杨奉等和他打了一仗,将他打败。郭汜回到长安后又约了李傕,准备再次来抢皇帝。十一月时,皇帝和公卿的队伍在弘农的东涧被李、郭追上,他们抵挡不住,死了不少公卿。杨定和杨奉只好请来流寇韩暹、胡才、李乐等人帮忙,终于打败了李、郭,逃到了河东,后来又到了洛阳。

这时韩暹、胡才、李乐都被封了将军,不过这几位流寇也不是什么善主,皇帝公卿们在他们的手里也还是没有什么好日子过。

二、击袁术 灭吕布

袁术与袁绍有隔阂,袁术向公孙瓒求援,公孙瓒派刘备驻守高唐,单经驻平原,陶谦驻守发于,以此来逼迫袁绍。曹操和袁绍联合攻击,都打败了他们。

四年春季,曹操驻军鄄城。荆州牧刘表切断袁术运粮的通道,袁术率军进入陈留郡,驻守封丘县,黑山军的残部和于夫罗等辅佐他。袁术派部将刘详驻守匡亭。曹操攻击刘详,袁术救援,曹操与袁术交战,把他打败。袁术退守封丘,就包围封丘,尚未合围,袁术向襄邑逃跑,逃到大寿,挖开渠水灌城。袁术逃到宁陵,曹操追到宁陵,袁述又逃到九江。夏季,曹操回军定陶。

这年,孙策接受袁术派遣渡过长江,几年间,就占有了江东。

兴平元年(194)春季,曹操从徐州回来。当初,曹操的父亲曹嵩,辞退官职之后回到谯县,董卓之乱时,到琅玡避难,被陶谦杀害,所以曹操志在复仇,向东讨伐。夏季,派荀彧、程昱驻守鄄城,再次征讨陶谦,攻占了五座城邑,最后占领了直到东海的地区。回来经过郯县时,陶谦的部将曹豹和刘备在郯县的东部驻守,中途截击曹操。曹操打败了他们,终于攻占了襄邑,所经过的地方大多遭到破坏、屠杀。

恰逢张邈和陈宫反叛,迎接吕布,各郡县都响应。荀彧、程昱保卫鄄城,牢固地防守范县东阿二县,曹操就领兵回来。吕布来到,攻打鄄城未果,驻扎在西面的濮阳,曹操说:"吕布一天就攻占一个州,却不能占据东平,切断亢父、泰山的通道,凭借险要之地中途截击我,反而驻守濮阳,我判断他不能有所作为。"于是进军攻打吕布。吕布出兵迎战,先用骑兵冲击青州兵。青州兵逃跑,曹操的兵阵混乱,他驰马从火海中冲出,从马上摔下来,烧伤了左手掌。司马楼异搀扶着曹操上马,才带着他离开。他们未到军营就停下来,各将领没有见到曹操,都担心害怕。曹操于是自己支撑着去慰劳军队,命令军队赶紧准备进攻的器械,再次进攻,于是跟吕布僵持了一百多天。这时发生了蝗虫灾害,百姓遭受大饥饿,吕布的粮食也吃光了,各自撤军离开。

秋季九月,曹操回到鄄城。吕布到达乘氏县,被他的同县人李进所打败,往东到山阳县驻守。这时,袁绍派人劝说曹操,想联络和好。曹操新近丢掉了兖州,军粮吃光,准备答应他。程昱劝阻曹操,曹操听从了他的意见,冬季十月,曹操到了东县。

二年春季,曹操袭击定陶。济阴太守吕资守卫南城,没有攻下。恰逢吕布来到,曹操又打败了他。夏季,吕布部将薛兰、李封在巨野驻守,曹操攻击巨野,吕布援救薛兰,薛兰战败,吕布逃跑,终于斩了薛兰等人。吕布又从东缗和陈宫带领一万多士兵前来交战,当时曹操士兵少,便设下埋伏,出奇兵袭击,大败吕布。吕布夜里逃跑,曹操再次进攻,攻下了定陶,分兵平定了各县。吕布向东投奔刘备,张邈跟从着吕布,派他的弟弟张超带领家属保守雍丘。秋季八月,曹操围攻雍丘。冬季十月,皇帝任命曹操为兖州牧。十二月,雍丘被攻陷,张超自杀。曹操灭了张邈三族,张邈到袁术那里请求救兵,被他的部下所杀,兖州平定,就向东攻取陈国地区。

这年,长安骚乱,皇帝往东迁徙,在曹阳战败,皇帝渡过黄河逃到安邑。

建安元年春季正月,曹操的军队到达武平,袁术所置的陈国国相袁嗣投降。

汝南、颍川郡的黄巾军何仪、刘辟、黄邵、何曼等部,各有数万人,起初响应袁术,又依附孙坚。二月,曹操进军讨伐,打败了他们,斩了刘辟、黄邵等,何仪和他的部下全部投降。皇帝任命曹操为建德将军。夏季六月,升为镇东将军,封为费亭侯。秋季七月,杨奉、韩暹偷偷逃跑了。皇帝授予曹操符节、黄钺,总领尚书事。洛阳残破,董昭等劝说曹操把都城迁到许县。九月,皇帝出圜辕关而迁往东面的许县,任命曹操做大将军,封为武平侯。自从皇帝往西迁都长安,朝廷一天比一天混乱,到这时宗庙、社稷制度才建立。

皇帝东迁的时候,杨奉从梁县企图截击皇帝,没有赶上。冬季十月,曹操征讨杨奉,杨奉向南投奔袁术,曹操就攻打他的梁县的军营,占领了它。这时朝廷任命袁绍做太尉,袁绍因为自己的官职在曹操之下而感到羞耻,不肯接受。曹操于是坚决推辞,把大将军的官职让给袁绍。皇帝任命曹操做司空,兼车骑将军。这年采用枣祗、韩浩等人的建议,开始实行屯田制。

张济从关中跑到南阳。张济死后,侄子张绣统领他的部队。建安二年春季正月,曹操到达宛城,张绣投降,不久为此而后悔,再次反叛。曹操跟他交战,军队打了败仗,自己被流箭所射中,大儿子曹昂、侄子曹安民遇难。曹操于是率领军队回到舞阴,张绣带领骑兵前来侵略,曹操打败了他。张绣逃到穰县,与刘表联合。曹操对各将领说道:"我接受张绣等人投降,错误在于没有立即取得他们的人质,以至弄到这种地步,我明白失败的原因了。各位看吧,从今以后不会再失败了。"于是回到了许都。

　　袁术打算在淮南称帝,派人告诉吕布。吕布扣留了他的使者,把他的信上报朝廷。袁术恼怒,攻打吕布,被吕布所打败。秋月,袁术侵扰陈县,曹操东征袁术。袁术听到曹操亲自前来,扔下军队逃跑,留下他的部将桥蕤、李丰、梁纲、乐就;曹操到达,打败了桥蕤等人,把他们全斩了。袁术逃过淮河,曹操回到许都。曹操从舞阴回来,南阳、章陵各县又反叛而归附张绣,曹操派曹洪攻打他们失利,退守叶县,不断地被张绣、刘表所侵扰。冬季十一月,曹操亲自往南征讨,到达宛城。刘表部将邓济据守湖阳。曹操攻占了湖阳,活捉了邓济,湖阳投降。攻打舞阴,也把它攻下了。三年春季正月,曹操回到许都,开始设置军师祭酒的官职。三月,曹操在穰县围攻张绣。夏季五月,刘表派兵救援张绣,切断曹军的后路。曹操率领军队往回撤退,张绣的军队前来追赶,曹操的军队不能前进,就连接军营逐渐向前推进。曹操写给荀彧的信说:"敌人前来追赶我,即使一天走几里地,我估计到达安众,必定打败张绣了。"到达安众,张绣和刘表的军队联合把守险要地区,曹操的军队前后受敌。曹操于是乘夜在险要地区开凿地道,全部运走了军用物资,设置奇兵。正好天亮,敌人以为曹操偷偷逃跑了,全军前来追赶。曹操出动奇兵,步兵和骑兵夹击,大败敌军。秋季七月,曹操回到许都,荀彧问曹操:"先前预料敌人必定失败,根据什么呢?"曹操说:"敌人阻截我回军,而跟被置于死地的我军交战,我因此知道必定能够取胜。"

　　吕布又为袁术派遣高顺攻打刘备,曹操派遣夏侯惇援救刘备,交战不利。刘备被高顺打败。九月,曹操东征吕布。冬季十月,在彭城进行屠杀,前进到了下邳,吕布亲自带领骑兵迎战。大败吕布,俘获了他的勇将成廉。追赶到城下,吕布恐慌,准备投降。陈宫等人阻止了他的打算,向袁术求救,鼓励吕布出城交战,又战败,于是回城固守,曹操没有将城攻下。这时曹操连续作战,士兵疲惫,打算回军,采用荀攸、郭嘉的计策,决开泗水、沂水来灌注下邳城。一个多月后,吕布的部将宋宪、魏续等人逮捕陈宫,全城投降;活捉了吕布、陈宫,把他们杀了。大山郡的臧霸、孙观、吴敦、尹礼、昌豨各自聚集一帮人。吕布打败刘备的时候,臧霸等人全跟随吕布。昌市战败,俘获了臧霸等人,曹操宽厚地接纳、对待他们,最后划出青州、徐州靠海区委派他们管理,分出琅玡东海、北海设立城阳、利城、昌虑郡。

三、战官渡　破袁绍

袁绍已经并吞了公孙瓒,兼并了四州的地区,军队10多万人,将要进军攻打许都。各将领认为不可抵抗。曹操说:"我了解袁绍的为人,志向大而才智小,表面严厉而内心怯懦,嫉妒刻薄而缺少威望,士兵虽多却指挥等画不当,将领骄横而且政令不统一。土地虽然广阔,粮食虽然丰足,却正好是把这些作为对我的奉献啊。"秋季八月,曹操向黎阳进军,派臧霸等进入青州攻破齐、北海、东安,留下于禁在黄河边驻守。九月,曹操回到许都,分出部分兵力把守官渡。冬季十一月,张绣率领部队投降。十二月,曹操在官渡驻军。

二月,袁绍派遣郭图、淳于琼、颜良在白马攻打东郡太守刘延,袁绍领兵到了黎阳,将要渡过黄河,夏季四月,曹操往北救援刘延,荀攸劝说曹操道:"如今我们兵力少不能抵挡,分散敌人的兵力才可以取胜。您到了延津,装作准备渡过黄河向他们的后方进军,袁绍必定往西迎战您,然后派轻装部队袭击白马,趁他们没有防备,就可以捉住颜良了。"曹操听从了荀攸的计策。袁绍听说曹军渡过黄河,立即分出兵力往西迎战曹军。曹操就率领军队急行,直奔白马,离白马尚有十多里,颜良大惊,前来迎战。曹操派张辽、关羽做先锋,先打败了敌人,斩了颜良,终于解除了白马之围,迁徙白马的百姓,循着黄河朝西走。袁绍在这时渡过黄河追击曹操的军队。追到延津的南面,曹操指挥军队在西面山坡下扎营,派人登上营垒瞭望敌军,报告说:"大约有五六百骑兵。"过了一会儿,又报告:"骑兵逐渐增多,步兵多得数不过来。"曹操说:"不用再报告了。"就下令让骑兵卸下马鞍放开马匹。这时,白马驻军的辎重已经上路。各将领认为敌军的骑兵多,不如回去守卫军营。荀攸道:"这是用来引诱敌人上钩的,为什么要离开这儿呢!"袁绍的骑兵将领文丑和刘备带领五六千骑兵先后来到。各将领又说:"可以上马儿了。"曹操说:"可以了。"于是大家都上马,当时骑兵不足六百人,就挥军出击,大败敌军,斩了文丑。颜良、文丑都是袁绍的有名将领,两次交战,都被擒杀,袁绍的军队大为震动,曹操回军官渡。袁绍进军保卫阳武。关羽逃回刘备那儿。

八月,袁绍连接营垒逐渐向前推进,靠着沙丘驻扎,从东到西连绵数十里。曹操也分扎营垒跟敌方对抗,交战不利。当时曹操兵力不足一万人,伤员占十分二三。袁绍军队前进到官渡,堆土山、挖地道。曹操也在营内堆土山、挖地道,跟敌军对抗。袁绍军射箭入曹军营中,箭下如雨,走动的都要用盾牌遮挡,大家非常害怕。这时曹操粮食少,给荀彧写信,商议打算撤回许都,荀彧认为"袁绍全部人马聚集在官渡,准备跟您决一胜负。您以最弱小的兵力对抗最强大的敌军,如果不能制服他,必定被敌军所追逐,这是天下的重大转机啊。况且袁绍只是一个一般的豪雄罢了,能够聚集人才却不能使用人才。凭借您的神武英明并且加上以天子之命讨伐叛乱的正当名义,有什么事而不能做成功呢!"曹操听从了荀彧的意见。

袁绍数千辆运送谷物的车子到达,曹操采用荀攸的计策,派徐晃、史涣去截击，大败袁军，将袁绍的运粮车全部烧毁。曹操跟袁绍相持了几个月，虽然每次交战都斩杀敌将，但是兵少粮尽，士兵疲乏。曹操对运粮的人说道："再过十五天替你们打败袁绍，不再让你们劳苦了。"冬季十月，袁绍派车运粮，令淳于琼等五个人带领一万多士兵护送车队，露宿在袁绍军营北面四十里的地方。袁绍的谋臣许攸贪婪无度，袁绍不能满足他，就前来投奔曹操，借机劝说曹操攻打淳于琼等人。曹操身边的人怀疑他。荀攸、贾诩劝说曹操采纳。曹操于是留下曹洪防守，自己带领5000步兵和骑兵乘夜前往，恰在天亮时到达。淳于琼等人望见曹操兵少，出去到营门外布阵。曹操急速攻击淳于琼，淳于琼退守营垒，于是就攻打淳于琼的营垒。袁绍派骑兵援救淳于琼。曹操身边有人说："敌人骑兵逐渐接近，请求分兵抵抗他们。"曹操发怒说："敌人到背后才报告！"士兵都拼死作战，大败淳于琼等人，把他们全斩了。于是袁绍刚听到曹操攻打淳于琼时，对大儿子袁谭说道："趁他攻打淳于琼等人，我去攻占他的军营，他就没有地方落脚了！"于是派张郃、高览攻打曹洪。张郃等人听到淳于琼败亡，就前来投降。袁绍军队大溃败，于是袁绍和袁谭扔下军队逃跑，渡过了黄河，曹军追赶不上他们，缴获了他们的全部辎重、图表文书和珍宝，俘虏了他的部众，曹操缴获袁绍的信件中，有许都和曹军中的人和袁绍来往信件，曹操把它们全部烧掉了。冀州各郡很多城邑都自动投降了。

六年夏季四月，曹操在黄河边检阅军队，攻击袁绍在仓亭的军队，把它打败。袁绍回来，又收拢被打散的士兵，平定了各反叛的郡县。九月，曹操回到许都。

袁绍自从军队被打败之后，发病吐血，在夏季五月死去。小儿子袁尚接替他的官职，袁谭自称车骑将军，驻扎在黎阳。秋季九月，曹操征讨他们，连续交战，袁谭、袁尚屡次战败退却，坚守黎阳。

四、征乌桓　讨刘表

三郡乌桓趁天下动乱,攻下幽州,掠取汉民合计十余万户。袁绍把他们的首领都立为单于,把族人的女孩子作为自己的女儿,嫁给他们做妻子,辽西单于蹋顿尤为强大,被袁绍所看重,所以袁尚兄弟投奔他,他们频繁入塞造成灾难。曹操准备征讨他们,开凿河渠,从呼池河注入泒水,起名叫平虏渠;又从河口凿渠让泒水流入潞河,名叫泉州渠,以通往大海。

十二年春季二月,曹操返回邺城。丁酉日,下令道:"我发动义军铲平暴乱,到现在有十九年了,所征讨的必定战胜,难道是我个人的功劳吗?这是有才能的贤士大夫们的力量啊。天下虽然尚未完全安定,我应当和有才能的贤士大夫们一起平定它;可是独自享有那些功劳,我怎么能够心安理得呢!要赶紧评定功绩,实行封赏。"于是广泛地封赏二十多位功臣,都封为列候,其余的人各按功劳大小受封,并免除死难者的子孙的徭役,封赏或轻或重各有差别。

将要北征三郡乌桓,各将领都说:"袁尚是一个逃亡的敌人罢了,夷狄贪婪而没有爱心,哪里会被袁尚所利用?如今深入征讨他,刘备必定说服刘表来袭击许都。万一发生事变,后悔也来不及了。"只有郭嘉算定刘表必定不会信任刘备,劝曹操北征。秋季七月,发大水,沿海道路不通,田畴请求担任向导,曹操听从他的建议,带领军队出卢龙塞,塞外道路断绝不通,于是开山填谷500多里,路过白檀,经历平冈,走过鲜卑族地区,向东直扑柳城,距离柳城二百里时,敌人才知道消息。袁尚、袁熙和蹋顿、辽西单于楼班、右北平单于能里抵之等人带领数万骑兵迎战曹军。八月,曹军登上白狼山,突然跟敌人碰上,敌兵非常多。曹操的辎重尚在后边,披戴销甲的人很少,左右的人都害怕。曹操登上高处,望见敌军的阵势不整齐,就出兵攻击敌阵,派张辽做先锋,敌军大崩溃,斩了蹋顿和名王以下多人，投降的胡人和汉人共20余万人。辽东单于速仆丸和辽西、右北平各头领，扔下他们的族人，跟袁尚、袁熙逃奔到辽东，相随的部下尚有数千骑兵。当初，辽东太守公孙康倚仗地处偏远不肯归服。等到曹操打败乌桓，有人劝说曹操立即征讨他，就可以捉住袁尚兄弟俩。曹操说："我正让公孙康斩下、送来袁尚、袁熙的人头，不去麻烦军队了。"九月，曹操率兵从柳城回来，公孙康随即斩了袁尚、袁熙和速仆丸等人，把他们的人头送来。将领中有人问："曹公回来而公孙康斩下并送来了袁尚、袁熙的人头，是什么原因呢？"曹操说："公孙康向来害怕袁尚等人，我紧逼他就把力量联合起来，放松他就会互相算计，情势就是这样啊。"十一月到达易水，代郡乌桓代理单于普富卢、上郡乌桓代理单于那楼带领他们的名王前来祝贺。

十三年春季正月，曹操回到邺城，开凿玄武池来训练水军。汉朝廷撤销三公的官职，设置丞相、御史大夫。夏季六月，任命曹操为丞相。

秋季七月，曹操南征刘表。八月，刘表去世。他的儿子刘琮接替他的官职，驻扎在襄阳。刘备驻扎在樊城。九月，曹操到达新野，刘琮就投降了，刘备逃到夏口。曹操向江陵进军，给荆州的官吏百姓下令，要和他们一起除旧布新。于是评定降服人员的功劳，封侯的有十五人，任命刘表手下大将文聘做江夏太守，让他统领原来的军队，荐举并任用荆州名士韩嵩、邓义等人。益州牧刘璋开始接受征调服役，遣送兵员补充曹军。十二月，孙权协助刘备攻打合肥。曹操从江陵出征刘备，到了巴丘，派张喜救援合肥。孙权听到张喜的军队到来，就逃跑了。曹操到了赤壁，跟刘备交战，失利。这时候大瘟疫流行，官兵很多染病死亡，于是率军回去。

五、诱韩遂　胜马超

此时汉中马超与韩遂、杨秋、李堪、成直等人反叛。曹操派曹仁去讨伐他们。马超等人驻扎在潼关,曹操命令各将领:"关西士兵精锐强悍,要坚守壁垒,不要跟他们交战。"秋季七月,曹操西征,与马超等人的部队夹着潼关驻军。曹操紧紧地牵制敌军,而暗中派徐晃、朱灵等人乘夜渡过蒲阪津,占据黄河西岸扎营。曹操从潼关北面渡河,还未渡过去,马超追赶渡船急忙攻打。校尉丁斐因而放出牛马来引诱敌人,敌人骚乱去抢夺牛马,曹操才得以渡过河去,沿着黄河修筑通道而向南推进。敌人撤退,在渭口进行抵抗,曹操于是在许多地方设置疑兵,暗中用船载着士兵进入渭水,架设浮桥,夜里,分兵在渭水南岸扎营。敌人乘夜攻打军营,伏兵打败了他们。马超等人驻守在渭水南岸,派遣信使请求割让黄河以西地区讲和,曹操不答应。九月,进军渡过渭水。马超等人坚决请求割地,并送儿子来做人质,曹操于是采用贾诩的计策,假意答应他。此时韩遂请求跟曹操相见,曹操跟韩遂的父亲是同年孝廉,又跟韩遂是同辈人,于是两人马靠着马交谈了好一阵子,但不涉及军事,只谈京都老朋友之间的旧事,拍手欢笑。会见完毕,马超等人询问韩遂:"曹操说了些什么?"韩遂说:"没有说什么啊。"马超等人对他起了疑心。另一天,曹操又给韩遂写信,有多处修改涂抹,好像是韩遂改定的样子;马超等人更加怀疑韩遂。曹操就与马超等人约定日期会战,先用轻装的士兵挑战,交战了很久,才出动勇猛如虎的骑兵夹攻,大败敌军,斩了成宜、李堪等人。韩遂、马超等人逃跑到凉州,杨秋逃到了安定,关中平定。各将领中有人问曹操道:"当初,敌军把守潼关,渭水北岸沿途空虚,不从河东攻打冯翊却驻守潼关,拖延一段日子而后北渡黄河,为什么呢?"曹操说:"敌军把守潼关,如果我军进入河东,敌人必定去防守各个渡口,那么就无法渡过西河去,所以我故意把大军开向潼关,敌军全部人马在南面防守,西河的防备就空虚,所以徐晃、朱灵二位将领能够专力夺取西河,然后率军北渡黄河,敌人不能跟我们争夺西河,是因为有徐晃、朱灵二位将军的军队啊。连接车辆树立栅栏,修筑通道向南推进,既是作不可战胜的准备,又把兵力薄弱显示出来。渡过渭水修建坚固的营垒，敌人前来也不出去应战，是以此来助长敌人的骄气啊，所以敌人修筑营垒而请求割让土地。我答应了他们。顺从他们的心意的原因，是使他们安心而不作准备，我们乘机积蓄士兵的力量，一旦攻击他们，就如同所说的疾雷不及掩耳了，况且军事上的变化，本来就不是只有一种方法啊。"起初，敌人每有一支部队到达，曹操就露出高兴的脸色。敌人被打败之后，将领们询问其中的原故。曹操答道："关中地区辽阔，若果敌人各自据守险要的地方，没有一、二年是不能平定的。如今敌军都前来集中，他们人数虽多，却互不统属，军队里没有统一的主帅，一战便可以消灭掉，取得胜利比较容易，我因此高兴。"

公元 220 年，曹操在洛阳逝世，享年 66 岁。遗令道："天下尚未安定，葬礼不得遵循古代的礼制，安葬完毕，都要脱掉丧服。那些率兵驻守卫戌的将领，都不得离开驻守部队。有关的官员各尽职责。入殓时用平时的服装，不要埋藏金玉珍宝。"谥号称武王。二月丁卯日，安葬在高陵。

评论说：汉朝末年，天下大乱，英雄豪杰同时崛起，而袁绍在四州虎视眈眈，强盛无敌，曹操运用谋略，征服天下，掌握申不害、商鞅的法术，兼备韩信、白起的奇策，官职授予方正。有才干的人，各凭自己的才能，克制情感，专用智谋，不念旧恶，最终能够总揽朝廷大权，成就了伟大的事业。这是因为他的智慧、谋略最优异啊，可以说是一个不平凡的人，超越当代的俊杰了。

鞠躬尽瘁，死而后已
两表酬三顾，一对足千秋
——诸葛亮传

诸葛亮，字孔明，号卧龙(也作伏龙)，汉族，琅玡阳都(今山东临沂市沂南县)人，三国时期蜀汉丞相，杰出的政治家、军事家、发明家、文学家。在世时被封为武乡侯，死后追谥忠武侯。后来东晋政权推崇诸葛亮军事才能，特追封他为武兴王。诸葛亮为匡扶蜀汉政权，呕心沥血、鞠躬尽瘁、死而后已。其代表作有《前出师表》、《后出师表》、《诫子书》等；曾发明木牛流马等，并改造连弩，可一弩十矢俱发。诸葛亮在后世受到极大的尊崇，成为后世忠臣楷模、智慧化身。成都有武侯祠，杜甫也作千古名篇《蜀相》赞扬诸葛亮。

一、"管乐"之才　待时而动

提起诸葛亮，可以说是无人不知，无人不晓。他是我国历史上著名的政治家和军事家，"诸葛大名垂宇宙"(杜甫诗句)，人们一直把他看作智慧的化身，景仰和崇敬他。诸葛亮之所以能有这样大的影响，和历代统治阶级对他的推崇，小说戏剧对他的描绘和渲染是分不开的。然而，历史上真实的诸葛亮和小说戏剧中塑造的诸葛亮并不完全相同。历史上真实的诸葛亮又是怎样一位人物呢？

东汉灵帝光和四年(181)，诸葛亮出生在一个门第不高的官僚地主家庭里。其父诸葛珪曾做过泰山郡丞，叔父诸葛玄和当时的豪强贵族袁术、刘表等都有往来。诸葛亮兄弟三人，哥哥诸葛瑾，弟弟诸葛均，此外还有两位姐姐。由于父亲很早去世，诸葛亮和他的兄弟、姐姐都依靠叔父诸葛玄过活。

诸葛亮的童年是在战乱中度过的。在他出生的第四年，即汉灵帝中平元年(184)，黄巾起义爆发，继之而来的是在镇压黄巾起义中壮大起来的豪强地主武装之间为争夺地盘的厮杀、混战。琅玡郡属于徐州,是豪强们心目中的一块肥肉,陶谦、吕布、曹操都曾先后占据和抢夺过这块地方。徐州战乱不止,使诸葛玄一家再难安身下去。为了逃避战乱,诸葛玄带领家人,离开家乡,先投奔袁术,后又投奔荆州刘表,最后在襄阳住了下来。

诸葛亮17岁那年,叔父诸葛玄去世。诸葛亮失去了依靠,就带着弟弟诸葛均在襄阳城西20里地的隆中村,置了一点田产,盖了几间草房,开始过着他20年后在《出师表》中所说的"躬耕于南阳,苟全性命于乱世,不求闻达于诸侯"的一面耕种,一面读书的隐居生活。

隆中的生活,一过就是10年。这10年,诸葛亮阅读了大量的经史和诸子百家的著作,尤其喜欢读《申子》和《韩非子》等法家著作,诸葛亮深为春秋、战国时期法家人物治世用世的理论所折服,他知道,在这动乱的时世,法家的思想,包括其治国的经验、法术是最切合、最实用的。广泛的阅读,刻苦的钻研学习,使他获得了丰富的政治、军事和历史等方面的知识。

这10年,也是诸葛亮拜师、交友、增长见识、学问的过程,那时候,荆州地区相对战乱较少,中原地区的学者名士纷纷避乱至此地。比诸葛亮年长的,有大名士庞德公、号称"水镜"先生的司马徽。沔南名士黄承彦(即后来诸葛亮的岳父)等,他们都成了诸葛亮的忘年之交。这些人思虑精密,学识渊博,见解卓著,诸葛亮虚心向他们请教,从他们身上学到了不少东西。由于司马徽的介绍,诸葛亮又拜了一位称"邓公"的汝南灵山隐士邓玖为师。邓玖熟谙韬略,深通兵法,在诸葛亮"奉事惟谨"的精神和行为的感动下,邓玖传授了他三部兵书,这对诸葛亮日后辅佐刘备带军打仗,无疑起着极大的帮助作用。

在他交往的朋友当中,也有一些青年学者,其中有日后也成为刘备重要谋士的庞德公的侄儿庞统,颖川的徐庶、石广元,汝南的孟公威等。他们经常在一起切磋学问,评论天下大事,抒发自己的抱负。在读书、学习、广交朋友之余,诸葛亮也未忘怀当时政治形势。隆中的 10 年,政治风云变幻无常,此时曹操官渡一战,打败袁绍而统一北方;孙权继父兄基业坐领江东;坐镇荆州的刘表是一个务虚名、尚空谈,不足与谋大事的人,为豪强所吞并只是迟早的事……群雄纷争的结果,必然会出现鼎立的局面。由于诸葛亮注意研究当时的政治、军事形势,从而逐步形成了自己的政治见解和应对的策略方针,当和朋友谈论起现实社会形势时,他洞若观火、了如指掌、卓有识见,因之被司马徽称之为"识时务"的"俊杰"。

立志向学、因志而成学、学以致用,是诸葛亮所一贯恪守的治学思想。那么诸葛亮的志向是什么呢?从下面两个例子可以窥见他的理想和抱负。

据《魏略》记载,有一天诸葛亮和石广元、徐庶、孟公威三位好友一起交谈,诸葛亮从容地对他们说:"诸位要是做官的话,是可以做到郡守、刺史的职位的。"三人反问诸葛亮又如何,诸葛亮只是"笑而不言"。这"笑而不言",就已经表明了诸葛亮胸存大志。

又据《三国志》本传载,诸葛亮在高卧隆中常以管仲、乐毅自比。他认为当世既无像管仲那样的贤相,也没有像乐毅那样的名将。管仲是春秋时期齐国的大政治家,曾经辅佐齐桓公,九合诸侯,一匡天下,使齐国成为强大的诸侯国。乐毅是战国时期燕国的名将,他扶持弱燕,统帅强兵,一举下齐国 70 城,使燕国成为战国七雄之一。

从这些地方可以看出,诸葛亮以管、乐自比,有以一身兼将相自许的意思。他身处乱世,决心像管仲、乐毅一样,无论在政治上还是在军事上,都要干出一番惊人的功业,他志在扫除群雄,结束分裂。

治乱世必以才智,尽其才智又必依明主才能取成,所谓"良禽择木而栖,良臣择主而从",说的就是要谨慎选择可以辅佐的"明主"的意思。那诸葛亮心目中的"明主"又是什么样的人呢?在未遇到刘备之前,我们可以说在诸葛亮此时的思想中还没有明确具体对象,但如果联系他周围朋友对当时军阀评价的言论以及日后的《隆中对》、《论光武》等文章来看，诸葛亮对选择"明主"是有自己的标准的。

诸葛亮从小就受封建正统观念的熏陶，在隆中十年间系统地学习经史子集，食君禄、报君恩的忠君报国思想更在头脑中根深蒂固。当时最有势力的军阀是北方的曹操，此人雄才大略，影响很大，但在正统的观点看来，他"挟天子以令诸侯"的做法却令人所不齿。庞统曾经跟诸葛亮谈起曹操，认为他虽是一个治世的能臣，却又是一个乱世的奸雄。像曹操这样的人，让诸葛亮认为他是"明主"而去投靠他、辅佐他，那是不可能的。而实际上，在下文将要谈到的《隆中对》中，诸葛亮也是把消灭曹氏集团作为目标确定下来的。刘表的行为品质，诸葛亮更是耳闻目睹，再熟悉不过了。连他的内亲黄承彦老先生都不愿出来帮助他，诸葛亮当然不会认为他是"明主"。

东吴的孙权呢？虽是位"招延俊服，聘求名士"的有作为的人物，但却野心勃勃想"建号帝王以图天下"，也是一位志存篡逆的野心家。诸葛亮的哥哥诸葛瑾已赴江东辅佐他，而诸葛亮并没有尾随着到江东，应该说，孙权在诸葛亮的心目中，也不是一位能够为之赴汤蹈火的"明主"。

从诸葛亮撰的《论光武》一文中，我们更可以窥测到诸葛亮择主的准则。光武帝刘秀是东汉中兴之主。诸葛亮在文章中，对刘秀的"策虑深远"的作用极为欣赏，对光武君臣"谋会议同"，中兴汉室的事业极为向往。南阳郡是当年刘秀中兴的发祥地，历史能否重演呢？当今世界能否再出现如光武那样的"圣君""明主"呢？这个问题只有等刘备出现在诸葛亮面前才能明白。

总而言之，隆中十年，是诸葛亮学习、增长才干的十年，也是他"待时"、"待主"的时期。这个未出茅庐的青年，正如庞德公送给他的雅号"卧龙"那样，一旦风云际会，就能大显身手，一展抱负了。

这个时机终于到来，"刘皇叔"刘备于汉建安十二年（207）亲自前来隆中，拜访请教诸葛亮。

二、隆中之对　惊世骇俗

47岁的老将军刘备"三顾茅庐"到隆中拜访请教27岁的诸葛亮,这种真心实意虚心求教的精神着实使诸葛亮感动。刘备恳切深沉、坦露胸怀的一番话语,使诸葛亮看到了他志存复兴汉室、拨乱反正的忠肝热肠。于是诸葛亮就不紧不慢、从容不迫地把他对早已了如指掌的天下大势的看法告诉了刘备。

他首先分析曹操和孙权:

"自从董卓入京作乱以来,各地豪杰蜂起、抢州夺郡、割据称雄的人多得数不清。经过一番较量之后,现在的局势已经比较明显,成功与失败者各自有其经验、教训可以总结。就拿曹操和袁绍相比来说,曹操名望既低,兵力又少,可他居然最后能战胜袁绍,由弱变强,这其中的道理何在?这就不仅仅是由于曹操占据有利的时势,更不是天命使然,而是由于曹操的主观努力,在于人的智谋所决定!现在曹操基本上已统一了北方,拥有百万大军,而且挟天子以令诸侯,处处假借汉帝的名义来对各地诸侯发号施令,在这样的情况下,暂时是很难同他较量、争强比胜的。"

"北方的曹操是如此,南方孙权的情况又是如何呢?孙权占据江东,从他父亲孙坚,至其兄孙策到现在,已经历了三代。那里地势险要,百姓归附,加上还有一批有德行、有本事的人辅佐他,他的力量绝不能低估。因此江东此地,不能希图占领。而要和曹操争夺天下,应该和孙权结成联盟,作为外援,而不能同他们为敌。"

分析完曹、孙两大集团的情况,诸葛亮接着又分析了荆州刘表和益州刘璋的情况:

"荆州这地方北依汉水,南达南海,东连吴会,西通巴蜀,是个四通八达的战略要冲,是一个用武的好去处。可惜现在的荆州之主是没有能力守住它的。这大概就是老天爷特意要留给将军的,将军您难道不想得到它吗?"

"再看西边的益州。这也是一个地形地势相当险固之地。它幅员辽阔，有千里肥沃土地，历来被人称为'天府之国'。汉高祖就是凭借这块地盘取得天下、建立帝业的。然而，如今益州之主刘璋懦弱昏庸，统治无能，不注意安抚百姓。那里的有识之士都希望能够找到一位英明之主去取代他。再加上北西汉中的张鲁时时刻刻都在窥伺着川蜀，威胁着益州。因此，益州的情形刚好和江东相反，是一个可取之地！"

谈到此处，诸葛亮兴奋之情，溢于言表，他接着说：

"将军您是汉朝皇室的后裔，名声早就显播于天下，您要是能够占据荆、益二州，守住险要之地，西面和好诸戎族，南面安抚夷越各部落，对外结盟于孙权，对内则修明政治，一旦曹操内部发生变化，时机一到，您命令一员上将率领荆州的军队，向宛城（今河南省南阳市）、洛阳推进，将军您亲自统率益州大军出秦川（今陕西、甘肃省秦岭以北平原地带），到那时候，老百姓谁会不担着饭食、盛着酒浆来迎接您呢？真能这样，那么统一天下的霸业就可以成功，汉朝的天下也可复兴了。"

诸葛亮在隆中对刘备剖析天下形势的这一番话，记载在陈寿的《三国志·蜀书·诸葛亮传》上，这就是被后人称之为《隆中对》或《草庐对》的名文。

诸葛亮这一番宏论，根据当时的客观现实，从政治、军事、经济、地理、人事等各个方面进行了分析，在反复比较的基础上，为刘备提出一整套的战略方针。就实现最终的战略目标来说，就是为了达到"霸业可成，汉室可兴"，也就是说，要使历史上再度出现"光武中兴"的局面。

要实现这一目标，就必须占有荆州、益州作为根据地，然后从荆、益两路出兵，构成钳形攻势，直扑两京（长安、洛阳），剿灭曹氏篡逆集团，达到复兴汉室、统一天下的目标。但诸葛亮又认为，在当前情况下，曹操集团拥有强大的军事力量和巨大的政治优势，暂时还不能与之正面争锋，也就是说，先不要打曹氏集团的主意，而是把他搁一边。

对于江东的孙氏集团，诸葛亮提出"结好"，这是他预见天下必然会出现三分鼎立的形势而为刘备确立的一个重要策略方针。要消灭曹氏，联合孙权是应该引起高度重视的策略手段。日后形势的发展，就显示了这个策略手段的巨大威力：取得了赤壁大战的辉煌胜利。赤壁大战的胜利，是孙、刘两家联手抗曹的胜利，由于这一胜利，刘氏集团才有可能在荆州站稳脚跟，才有可能西进川蜀，打开蜀汉立国的壮丽局面。因此，可以说"联孙"的策略，事关蜀汉立国的根本，也是关系其盛衰存亡的基本国策。只要看看后来关羽失荆州，刘备兴兵伐吴惨遭失败等事实，就可以明白这一点。

不仅如此，《隆中对》还为刘备占据荆、益以后，治荆、治益提出了一套具体的的策略步骤，这就是"西和诸戎，南抚夷越"的"和抚"民族政策和"内修政理"方针的提出。

"和抚"政策，是针对西南边地的具体情况而提出来的。东汉末年，由于益州地区统治者暴虐残暴，特别是刘焉、刘璋父子治蜀以来，对少数民族采取横征暴敛以及征剿杀戮的残酷压迫，使得少数民族不得不起兵反抗。他们大多居住在深山老林之中，官兵来了，他们退山林，伺机出击，有时候还攻陷城池，给官府以沉重的打击。刘备要治蜀，就必须改善同少数民族的关系。否则内部不稳定，根据地不巩固，就谈不上向外拓展或出兵，诸葛亮把夺得荆、益与和戎抚夷一起提出来讨论，这是非常切合实际的。

"内修政理"也是巩固内部、稳定内部的一项重要政治措施。鉴于东汉末年朝政混乱、奸佞当道的沉痛教训，鉴于刘表、刘璋在荆、益统治期间的无能表现，刘备治荆、益，首先必须革除弊政，举贤任能，这是迫在眉睫的事情。《隆中对》的提出，显示了诸葛亮作为一个出色的政治家的远大眼光和政治魄力。

《隆中对》淋漓尽致地表现了27岁的诸葛亮的远见卓识。它为刘备提出了一套正确的战略方针，对以后刘备集团的发展，起了重大的指导作用。以后形势的发展变化，证明了诸葛亮对局势的分析是非常符合客观现实的。

诸葛亮的精辟分析和建议,为刘备展示了光明的前景,使刘备由衷地产生敬意,司马徽和徐庶的举荐一点也没有错,诸葛亮确是了不起的一代人才,是他梦寐以求的好谋士、好军师。刘备诚恳地邀请诸葛亮出来辅佐自己,实现兴复汉室统一天下的计划,诸葛亮感激刘备的尊重和信任,慨然应允道:"蒙将军不弃,我就为将军奔走效劳吧!"就这样,诸葛亮结束了十年隆中的"隐居"生活,正式踏上了政治舞台。

诸葛亮在隆中待时而动,"择主而从",选来选去,偏偏选中了东逃西窜、寄人篱下、势单力薄的刘备,刘备难道真的是诸葛亮心目中的如刘秀那样的"中兴之主"吗?这情形虽然令人奇怪,但也不难理解。诸葛亮选中刘备为辅佐之主,主要原因不外有这几方面:

首先,刘备是汉室宗亲,他的奋斗目标就是兴复汉朝事业。而诸葛亮以"兴微继绝",即兴复汉室为己任,这同刘备的目标是一致的,共同的理想和奋斗目标把他们结合在一起。

其次,中国封建社会的知识分子有一个共同特点,就是"士为知己者用(死)"。刘备"三顾茅庐",一再屈尊下顾,向他虚心讨教,这使诸葛亮非常感动,他愿意为刘备这个"知己"效劳。20年后诸葛亮回顾这件事时,在《出师表》中说:"先帝不以臣卑鄙,猥自枉屈,三顾臣于草庐之中,咨臣以当世之事。由是感激,遂许先帝以驱驰。"这是出自肺腑的由衷之言。

再次,对刘备"宽仁有度""知人善任""折而不挠"的性格特点,诸葛亮也是有所了解的。诸葛亮认为,在刘备手下,他能够做到尊重和信任,能够施展自己的才能、抱负,这也是在当时众多军阀之中,诸葛亮挑中刘备这个理想"明主"的原因之一。

诸葛亮来到刘备军中,深受刘备的器重,刘备把他当作良师益友来对待,朝夕相处,两人的关系越来越亲密。这不禁引起长期跟随刘备的关羽和张飞的不满,甚至使他们在刘备面前发起牢骚来。刘备觉察之后,坦率而又严肃地对关、张说:"诸葛孔明卓有识见,我有了他,就好像鱼儿有了水。今后你们不要再说长道短了。"这充分说明,刘备已经意识到诸葛亮对他的事业所起的作用了。

三、游说吴主　共同抗敌

诸葛亮出山之后,第一件事,就是帮助刘备扩大军队。当时刘备手下只有几千人马,这么少的武装力量肯定是难以抵御强敌的。诸葛亮建议把荆州一带没有户籍的游民加以选拔训练,刘备依照其办法去做,果然从中选拔了不少了壮士,使军队扩充到几万人。这支军队经诸葛亮加以训练,成为刘备开创基业的核心武装力量。

诸葛亮为刘备扩充实力,目的是相机夺取荆州,但是这些事情还来不及做,曹操的大军就压境了。

汉建安十三年(208)秋天,曹操率军南征荆州。不久刘表病死,其次子刘琮任荆州牧,听说曹军到来,吓得不战而降。屯兵樊城的刘备,向江陵撤退时,在当阳长坂坡被曹军打得大败。刘备和诸葛亮等突围到夏口,接着又退到樊口。

在强敌曹操的进逼之下,孙权、刘备双方都有联盟抗曹的愿望。孙权派鲁肃去见刘备,希望和刘备联盟。鲁肃跟着刘备退到樊口后,诸葛亮对刘备说:"事情已经很紧急了,我愿亲自前往东吴,向孙将军求援。"刘备也感到形势紧迫,立即派遣诸葛亮随鲁肃去柴桑(今江西省九江市西南)见孙权。

孙权在柴桑密切地注视着局势的发展,战火即将燃烧到自己身上,使他感到有同刘备联合的必要,但能否战胜曹操的进攻,他还缺乏信心,态度有些犹豫不决。

诸葛亮会见孙权后,针对孙权思想上的疑虑从分析天下大势着手,说:

"方今天下大乱,孙将军起兵占据了江东,刘将军也招募部队在汉南

（汉水之南）和曹操争夺天下。现在曹操已经平定了河北，战胜了不少对手，又攻下荆州，威震四海。刘将军无力当其兵锋，英雄无用武之地，因此播迁到此地。这就是摆在我们面前的严重情况。"

接着诸葛亮又故意反激孙权说：

"情况如此紧迫，我希望将军根据自己的力量，考虑相应的对策。如果能以江东之众与曹操抗衡，就应该趁早和他断绝关系，争取时间早定战、守之策；如果不能这样，为什么不投戈卸甲，向曹操投降呢？现在将军表面上服从曹操，而内心却犹豫不决、举棋不定。在这紧急关头不能当机立断，恐怕大祸就要临头了。"

孙权听了，很是恼火，他万没想到诸葛亮会这么小看他，不禁生气地反唇相讥道："既然像您所说的那样，那么刘将军为什么不投降曹操呢？"

诸葛亮理直气壮地回答：

"汉初的田横，不过是齐地的一位壮士，他尚且能守义而不屈（注：田横为秦汉间田齐的宗族，汉高祖刘邦称帝后，他不愿称臣，率领徒属五百余人，入居海岛。刘邦使人召请，他不从，最后自刎而死），何况刘将军是王室的后代！他的英雄才气，盖世无双，天下的士人都仰慕他，就像水归大海一样。若真的大事不成，那也只是天意，哪能够屈辱投降曹操呢？"

这一来，孙权可真的是被激怒了，他再也忍耐不住，勃然变色地说："我也不能以江东之地和十万之众，受制于人，我决心抗击曹操了。"

孙权的话虽然说得很硬气，但他清楚自己一方的兵力，而刘备又刚刚在当阳吃了败仗，又有多大的能耐呢？他不禁又怀疑地对诸葛亮说："固然现在除了刘将军，没有人能够和我共同抵抗曹操。但刘将军战败之后，还能抵挡得住曹操吗？"

针对孙权的怀疑，诸葛亮满怀信心、胸有成竹地向孙权具体分析了敌我双方的力量对比，他说：

"刘将军虽然在长坂战败，但现在部下陆续归来的，以及关羽、刘奇率领的江夏之军，合共不下两万人。曹军兵力众多，但远道而来，长途跋涉,为了进行追击,一日一夜行军三百多里,早已疲惫不堪,像一支飞到尽头的箭,连穿透一层薄薄绸子的力量都没有了。况且北方人不习水战,更是曹军的一大弱点,还有,荆州的民众暂时归附曹操,那是迫于兵势,并非心服。"

最后,诸葛亮鼓励孙权说:

"现在孙将军您真能派出猛将,带领数万大军,和刘将军联合起来,同心协力作战,那就一定能够打败曹操。曹操兵败之后,必然向北方撤退。这样,荆州、江东不但都能安然保全,而且势力大大增强,那么鼎足而立局面就形成了。成败的关键,在于今日,孙将军您切不可错失良机。"

诸葛亮的分析清楚透彻,说得孙权满心欢喜,愁眉顿展,增强了他战胜曹操的信心。但当时的孙权集团内部,主战派与主降派的斗争非常激烈,尤其是主降派的代表人物张昭,在曹军气势汹汹的威逼下,更是吓破了胆,力主不战而降,而当时主战派的代表人物之一是周瑜,他正奉命去鄱阳调集水军,不在柴桑。主降派的呼声更是甚嚣尘上,这种情形,使孙权感到无所适从。

在鲁肃的建议下,孙权迅速从鄱阳召回周瑜。周瑜回来之后,力排众议,并信心十足地对孙权说:"请将军给我精兵数万,进屯夏口,我一定为将军击破曹操!"周瑜坚决抗曹的态度,感染了孙权,孙权下定决心迎击曹操。在召开江东文武大臣的会议上,他毅然抽出宝剑,砍掉奏案的一角,斩钉截铁地说:"如敢再言迎降曹操者,与此案同!"

在此期间,由于鲁肃的引见,周瑜会见了诸葛亮。诸葛亮向周瑜提醒说:"孙将军虽然下了决心,恐怕还有反复,因为此处主张投降的势力还很大。依我之见,公瑾(周瑜字)还得再向孙将军说说,主要是把曹军兵马多寡的实际情况再说清楚明白,让孙将军放心。"

周瑜很重视诸葛亮的意见,当天夜晚即觐见孙权说:"据诸葛先生了解,曹操所称80万水军完全是恫吓之词,实际兵马超不过20万,并且已是疲惫不堪,而荆州降兵,对曹操尚存狐疑之心。这样看来,曹军人数虽多,一点也不可怕。只要与刘备将军联合起来,打败曹操是没有问题的。"

周瑜一席话,更坚定了孙权抗击曹操的决心。就这样,孙、刘联合抗曹的局面正式形成了。

孙、刘联盟的实现,是由当时的政治军事斗争形势所决定的。在敌强我弱的情况下,孙、刘联盟是双方与曹操争存亡的共同愿望。孙、刘联盟局面的出现,不能不归功于诸葛亮、鲁肃、周瑜的卓越识见。而诸葛亮在这关键时刻前往柴桑,向孙权反复陈说利害,促进了孙、刘联盟的实现,这对战争的结果起了非常重要的作用。在出使柴桑、游说吴主这场活动中,诸葛亮显示了他作为一个政治家、军事家的远见卓识,也表现了他天才、出色的外交才能。

孙权和刘备结盟后,他们的军队在赤壁(今湖北省蒲圻县西北)大败曹军。这场战争的实践,充分证明了诸葛亮、鲁肃、周瑜等的分析和论断是科学、英明的。诸葛亮在赤壁大战前后,还有过哪些活动,史书上没有记载,因而无法查考。但作为刘备一方的主要决策人物诸葛亮,他不可能不参与一些联军作战问题的讨论和协商,提出作战的主张和建议,比如战争的主要形式是利用进行火攻等等,诸葛亮很可能参与了计谋。至于像《三国演义》上所描写的"舌战群儒""草船借箭""披发仗剑""登坛借东风"等等带有传奇色彩的故事,那就完全是小说家的艺术创造了。

四、以法治蜀　令出必行

赤壁之战后,刘备占有荆州不少地方,以后又从刘璋手中夺得益州、从曹操手中夺取汉中,力量发展非常快。此间,诸葛亮为刘备镇守后方,安抚民众,供给军备粮草以及兵源,为蜀汉政权的建立,作出了很大贡献。

刘备死后,刘禅继位,诸葛亮被封为武乡侯,领益州牧,蜀汉的政事,不论大小,都由诸葛亮一手处置,实际上诸葛亮已成了蜀汉政权的主持者。

"内修政理"是诸葛亮在《隆中对》中提出的策略步骤,在刘备集团跨有荆、益,诸葛亮负责治理西蜀之后,这个问题就提到了议事日程上了。

为了维护刘备集团在益州的统治,为了蜀汉政权的长治久安,诸葛亮首先把实行法治摆在"内修政理"的首位,这是针对益州当时"乱"的局面而采取的强有力措施。

益州原来的政治状况很不稳定,在刘焉、刘璋统治益州时期,法令松弛,政治腐败,地主豪强和官僚专横恣肆,侵夺百姓,鱼肉人民,因而阶级矛盾非常尖锐。在公元188年,即刘焉担任益州牧之时,就曾经发生了以马相等为首的农民起义。起义虽然被镇压,但阶级矛盾并没有缓和,那种"德政不举威刑不肃",继续纵容豪强官僚欺压、侵凌百姓的局面还是愈演愈烈。

这种严重的"乱"的局面,势必大大不利蜀汉政权的稳固;严厉打击豪强的不法行为,就是诸葛亮解决"乱"的一个重要手段。而益州地方的土著豪强,鱼肉乡里,侵夺民田,正是诸葛亮要着力打击的对象。

诸葛亮以法治蜀的思想内容,具体体现在他主持制订的《蜀科》的法典上(今佚)。在《蜀科》上的相应条文,规定了对蜀土著豪强采取抑制并打击的措施。而在实践上,诸葛亮也执法严明,依法行事,不避权贵,不徇私情,刑罚有准,轻重比较适当。如对破坏法纪的蜀中豪强彭羕,坚决镇压,毫不留情;对以私废公、放肆专权的李严、廖立等,绳之以法,该罢官的罢官,该刑罚的刑罚;对挑拨是非、妖言惑众的来敏,坚决予以革职。这些典型事迹,显示了诸葛亮执法如山、铁面无私的政治家作风。相反,对于严明奉法、廉洁自持的官吏,如蒋琬、费祎等,则大加褒扬、提拔。

正因为诸葛亮实行法治、打击豪强的政策,引起了地主豪强的不满和反对,他们攻击诸葛亮"刑法峻急",是不"度德量力",吵吵嚷嚷地要诸葛亮"缓刑弛禁"。时为蜀郡太守、扬威将军的蜀中代表人物法正,对诸葛亮这么雷厉风行地打击蜀中豪强也不甚理解,并且站出来替他们说话,他引用汉高祖入关"约法三章"实行宽民之治的事例,写信给诸葛亮。

信中说:"从前汉高祖入关,除去秦朝严刑苛法,约法三章,宽禁省刑,关中老百姓,都感念高祖的恩德,如今我们刚刚用武力占据益州,还没有给地方上带来恩德,就施用刑禁权威,这是很不好的。按照主、客的关系,我认为应该多施行点恩德,把刑罚、禁令放宽些,以慰藉他们。"

法正的信,引出了诸葛亮著名的反映他的法治指导思想的文章——《答法正书》,书中这样说:

先生您只知其一,不知其二。秦代的情况是实行暴政,虐待人民,因而逼得人们不得不起来造反。针对这种情况,汉高祖采用了宽刑弛禁的办法,来减轻人民的负担,这是对的。现在益州的情况和秦代大不相同。刘璋暗弱,自从刘焉以来,就放纵地方豪强官僚,使他们专横跋扈,为所欲为,因而德政不举,减刑不肃,君臣之道也就逐渐被破坏了。给这些官僚们以高官,宠爱他们,他们地位高了,反而不觉得可贵;服从他们,施以恩惠,恩惠达到顶点,他们反而傲慢无礼,这就是政治弊病的来源。现在我们以法来威胁他们,法行之后,人们才能够知道什么是恩德;限之以官爵,官爵提升之后,人们才能够知道爵位的尊贵,行法和恩宠相辅并行,上下的次序才能够维持正常,政治才能够得到清明(原文见《三国志·蜀书·诸葛亮传》裴注)。

这封书信批评了法正看问题的片面性,批驳了他生硬地套用汉高祖"宽禁省刑"的做法,诸葛亮指出:秦时跟现在不同,关东和益州的情形不一样。现在就是要严明赏罚,严格按法制办事,才能彻底纠正刘焉父子遗留下来的邪恶风气。诸葛亮在这封书信中强调了一切从实际出发的观点,拒绝了法正的建议,这是很有见地的。

据《三国志》注引《魏氏春秋》及《伊籍传》等书记载,诸葛亮为了整顿吏治,还亲自撰写了《二务》《帅戒》《六恐》《五惧》等法律条例,一条一款罗列分明,使蜀汉大小官员务其所"务"、戒其所"戒"、恐其所"恐"、惧其所"惧",使大家勤于职守,这种"先教后诛"的做法受到当地及后世众多的颂扬和称道。晋人习凿齿就赞叹地说:"法行于不可不用,刑加乎自犯之罪,爵之而非私,诛之而不怒,天下有不服者乎!诸葛亮于是可谓能用刑矣,自秦汉以来未之有也。"(《三国志·蜀书·李严传》裴注)

正因为诸葛亮赏罚分明、执法如山,因而即使被诸葛亮惩处过的人,对他还是感恩戴德,口服心服,以至当他去世以后,竟如丧考妣,痛不欲生。比如李严与廖立二人就是如此。

李严(后改名李平),是刘备临终前与诸葛亮同受遗诏辅佐刘禅、地位仅次于诸葛亮的蜀汉高级官员。在诸葛亮北伐时,他负责供应军需物资,在军粮供应不上时他假传圣旨要诸葛亮退兵。这种贻误军机、弄虚作假的行为被诸葛亮发觉,上书刘禅,将他免官为民,流徙梓潼郡。李严服罪之后,诸葛亮并不搞株连家人的做法,还是让他的儿子李丰照常为官,并且一直做到朱提太守的职位。李严听到诸葛亮病死的消息,不禁悲痛万分,情急之下,他也发病身亡。

廖立在刘备在世时就担任长沙郡太守。这个人自命不凡,口出狂言,"诽谤先帝,兹毁众臣",肆意攻击蜀汉的朝政,指责诸葛亮,挑拨群臣不和。诸葛亮上表罢了他的官,流放到江山郡。诸葛亮病死,廖立痛哭叹息地说:"我没有希望了,恐怕要老死在这边远地区了。"

诸葛亮的厉行法治,使蜀汉文武官员大都能兢兢业业、勤于职守,而力戒弄虚作假、干犯法纪之事,蜀汉政权的工作效率也大大提高了、政治逐渐得以清明,封建统治秩序逐步稳定,蜀汉的社会经济得到繁荣,而人民生活也得到了安定。史书上记载,说是当时蜀国"道不拾遗,强不侵弱"。史书上的说法当然有夸大的地方,但在三国时期,蜀汉政府是一个较好的政府,这一点是有目共睹的,而诸葛亮治蜀的做法也是卓有成效的。在这里,我们还可以举出与诸葛亮同时代及稍后的两位人物的言论来予以证实。

一位是蜀汉官员张裔。张裔原先是刘璋的谋臣,蜀汉之时,官至益州郡太守,此人虽精明能干,但他自以为是,总认为别人不对,诸葛亮多次对他进行批评教育,使他受到感动,他由衷地叹道:"诸葛亮宰相公正严明,赏罚不分亲疏远近,无功者不能得赏,贵势者不能免罚,这是人人奋勉的重要原因啊!"(原文见《诸葛亮文集》卷2《与张裔教》)

另一位就是大名鼎鼎的《三国志》作者陈寿。陈寿是西晋时代的史学家,他的父亲曾被诸葛亮判处髡刑(剃去头发)。但他在《三国志》中写诸葛亮时,还能秉持公心,去除个人恩怨的成见,以公正的史笔写道:"(诸葛亮)科教严明,赏罚必信。无恶不惩,无善不显。至于吏不容奸,人怀自厉,道不拾遗,强不侵弱,风化肃然……开诚心,布公道……邦域之内,咸畏而爱之。刑政虽峻而无怨者,以其用心平而劝诫明也。"

于此可见,诸葛亮用法治蜀深得人心!

五、举贤授能　唯贤是用

在推行法治政策的同时,诸葛亮非常重视人才的选拔和任用。他说:"治国之道,务在举贤。"(《诸葛亮文集》卷3)认为选用贤能是治理好国家的关键,是关系国家兴亡的大事。在举贤这一方面,和厉行法治一样,他做了大量艰苦和细致的工作。他选拔一些很有才能并忠于蜀汉政权的文臣武将,让他们担任郡守、都督、将军等重要职务,发挥他们的作用。这里有一个统计数字,很能说明诸葛亮在选拔人才方面的成效:

《三国志·蜀书》自诸葛亮及其子以下,有传者(包括附传)共有69人。其中有38人受到诸葛亮的提拔或重用。还有庞统、法正、许靖、刘巴、董和等五人因才智过人而受到他的称赞或推荐。在余下不曾受到他提升和推荐的人当中,除已去世的刘备的旧属(如关羽、张飞等)及诸葛亮死后新上台的新人外,所剩就无几了。

当然,不能说能够进《三国志·蜀书》传记的,个个都是优秀人才,但是能够进《三国志》的,应该是担任重要岗位的人物或是当时颇有影响的人物——这却是个事实。这样一些人物,大多是诸葛亮所留意、物色、加以委任的,而他们的政绩,大多也是为人们所称赞的,这不能不说是诸葛亮广揽人才的结果。

如果再综合《华阳国志》、《三国志》裴注、《季汉辅臣赞》等资料来看，诸葛亮用人范围之广，更是三国时期政治家中首屈一指的了。

诸葛亮选拔人才、用人之道有如下几个方面的特点。

1.德才并重，着重于德。

这一点和曹操的做法很不相同。曹操认为"有行（道德）之士，未必能进取；进取之士，未必能有行"。所以他要求地方举荐人才，哪怕是"负污辱之名，见笑之行，或不仁不孝，而有治国用兵之术，其各举所知，勿有所遗。"（《三国志·魏书·武帝纪》）

诸葛亮本人就具有良好的道德品质和过人的才能，因此他用人的标准，就是在德才并重的前提下，更着重于德。他施政治国所任用的一批人，都是品行纯正的才智之士。如蒋琬的"托志忠雅"，费祎的"雅性谦素，家不积财"，董允的"秉心公亮"，陈震的"忠属，老而益笃"，郭攸之的"以器业知名于时"，姜维的"心存汉室，而才兼于人"，杨洪的"忠清款亮，忧公如家"，邓芝的"坚贞简亮，临官忘家"，王平的"忠勇而严整"，李恢的"公亮志业"，吕凯的"守节不回"，射援的"少有品行"等等，一批"贞亮死节之臣"。

正因为诸葛亮选择严格，蜀汉的人才虽然不如曹操手下"谋臣如云，武将如雨"那样多，但从质量上看，却要比曹魏高得多。

这一点，夺取汉中时，法正就看得很清楚，他曾向刘备说过："魏之将帅，比不上蜀国的将帅。"（《三国志·蜀书·法正传》）而直到蜀国灭亡，郭颁在其《世语》中还称赞蜀国的官员大多属"天下英俊"。

对于诸葛亮这种选拔人才的精神与做法，后代的学者都给予相当高的评价。明代的方孝孺在《诸葛丞相论》中就认为，自秦汉以下为相者都不如诸葛亮。而清代的史学家赵翼在《廿二史札记》中，把诸葛亮与曹操、刘备、孙权加以比较后，认为：就用人来说，曹操用权术来驾驭人才，刘备以他的挚诚来笼络人才，孙氏兄弟用意气相投来网罗人才。用权术驾驭可以说是一种机谋，用挚诚与意气都是诚心的表现。而兼有这三者长处的人,只有诸葛孔明一人而已。

诸葛亮治国"开诚心,布公道",用人重德讲才,同时兼蓄各类人才,他量才授任,扬长避短,也使用了不少有所短的智能之士,表现出用人之度。这一点,将在下文专节叙及。

2.取人不限其方,不以资历出身为限。

诸葛亮选拔、使用人才,不搞宗派,不存门户之见,不讲资历和门第,而是以"德才"为标准,以才干为依据,这些方面的例子是不胜枚举的。

就不搞宗派,不存门户之见来说,只要看看刘备集团中各级官僚机构的人员组成情况,就可以明白。

在以刘备和诸葛亮为首的蜀汉统治集团中,有很早就跟随着刘备东征西讨的北方旧人,如关羽、张飞、赵云、孙乾、简雍等;又有在刘备占领荆州后,跟着刘备入蜀的荆楚人士,如庞统、蒋琬、陈震、马谡、向宠、黄忠、张南、冯习等;还有原为刘璋旧部的益州人士,如法正、李严、吴懿、费祎、董和、程畿、张嶷、马忠等;甚且还有从敌对国归顺过来的,如姜维等,这些人可以说来自五湖四海。不管来自何等地区,参加蜀汉集团是否先后,只要忠诚于"复兴汉室"大业,有一定的才能,诸葛亮都尽量录用,尽力发挥他们的作用,公正地对待他们,甚至让他们担任重要的官职,处于显要的地位。这种选士授职不以主观色彩和从狭隘的本派私利出发,而是着眼于整个集团利益的作风,表现了诸葛亮杰出的政治家风度。

诸葛亮擢升官吏,不讲资历出身,不计门第,对于有卓越才干和特殊贡献的人予以破格提拔、他认为"亘木出于幽林,直士出于众下",因而他处处留心,时时注意从下层官吏中发现、选拔人才,破格提升了不少有才能、有功业的新人。

巴郡人张嶷,出身寒微,刘璋时只是个下级官员,诸葛亮发现他"识断明果",并有"忠诚之节",提拔他为越巂太守。张嶷到任以后,在处理本郡复杂的民族关系方面,显示了他灵活机动的领导能力,一时之间,"蛮夷皆服,颇来降附"(《三国志·蜀书·张嶷传》),在贯彻诸葛亮"安抚"的民族政策方面起了很大的作用。

巴郡人王平,出身士卒,手不能书,文化水平很低,原是曹操手下的小军官,刘备征汉中时投降刘备。由于他"遵履法度"(《三国志·蜀书·王平传》),实践经验较丰富,在街亭之战时立了功,诸葛亮提拔他为讨寇将军。在日后诸葛亮北伐等战役中,他也屡立战功,发挥了重大的作用。

杨洪原是犍为太守李严手下的功曹小吏,当刘备北攻汉中急需援兵时,诸葛亮向他征求意见,发觉他很有政治头脑,于是提升他为蜀郡太守。何祗原是杨洪门下书佐,因有"才策功干",被诸葛亮提升为广武太守,这里还有一段轶闻。据说每当朝会,何祗与杨洪平起平坐,杨洪开玩笑地对何祗说:"你的马怎么跑得那么快?"何祗回答说:"不是我的马跑得快,而是你没有快加鞭啊!"一时传为美谈(见《三国志·蜀书、杨洪传》裴注)。李严、杨洪、何祗三人原来官职悬殊,而后来却同为太守,这件事使人们看到了诸葛亮不拘一格提拔人才,能"尽时人之器用"的用人风格。费祎、董允俱为太子舍人,职位较低。费伟"有俊才"、"识悟过人",董允能"斟酌损益,进尽忠言"。诸葛亮发觉他们各自的才干之后,分别委以重任。费祎在完成联吴修盟的外交活动中,出色地完成了任务;董允为侍中,领虎中郎将,恪尽职守,处事干练,是蜀汉优秀的高级官员。费祎、董允以及蒋琬,是继诸葛亮死后主持蜀汉军政事务的重臣,时人把他们与诸葛亮并称为"四相",又号"四英"。

3.采取措施,广泛延引人才。

在延引人才方面,诸葛亮是通过这么几条途径来完成的。

首先,前面已介绍过的许靖,他与当时著名学者蔡邕、孔融齐名,资望颇高。刘备入益州时,本不想用他,但法正认为应该起用,以扩大影响,诸葛亮也非常赞同法正的意见。因而许靖官至司徒,"爱乐人物,诱纳后进"(《三国志·蜀书·法正传》),对人才的招纳起了不小的作用。诸葛亮对他也很敬重,经常以学生的身份去拜访他。

再如,对待杜微也是如此。杜微是一个"行义素著,乡里敬慕"的老儒生。刘备入益州时,他已是一个双眼昏花、两耳失聪的老人了。他闭门不出,采取与刘备集团不合作的态度。诸葛亮为丞相后,用车把他请了出来,由于杜微耳朵失聪,诸葛亮用书面与他对话,对他说:"君但当以德辅时耳,不责君军事,何为汲汲欲求去乎!"(《三国志蜀书·杜微传》)最后征得他的同意,拜他为谏议大夫。

像许靖、杜微这样的老儒生,应该说是没有多大实际工作能力的。但诸葛亮这样做的目的,是在表示对书生儒士的重视,以便招引更多人才。

其次,诸葛亮特别鼓励和奖赏属下及各州郡长官向他举贤荐能。他因丞相椽,当过广汉太守的阆中人姚伷向他推举了一批"文武之士",还专门写了一篇教令号召大家向姚伷学习,教令中说:"当臣下对国家最忠诚、最有益处的工作,莫过于为国家多推荐人才。姚伷能够这样做,希望大家都来学习他。"从这件事可以看出,诸葛亮不仅自己当伯乐,还鼓励大家都当伯乐。这样一来,何愁人才不会向蜀中大批涌来!

另外,据《诸葛亮集·故事》卷5中记载,为了延引人才,诸葛亮做了丞相之后,还专门在成都城南修筑了一个读书台,"以集诸儒,兼待四方贤士",这对于人才的吸引,也是有一定影响的。

4.循名责实,注意对官吏进行考核。

为切实做到"任人唯贤",诸葛亮以"循名责实"对官吏进行考核,要求官吏们为政要讲求实效,他特别强调"治实而不治名"这条原则,反对名不符实、表里不一的作风。

诸葛亮考核官吏的标准,也是他考察、识别、使用人才的标准。他提出了七条"知人"之道,即分别对人从"志""变""识""勇""性""廉""信"七个方面进行了解、考察的办法。"志"就是"问之以是非而观其志",即向对方提出是非不同的问题,观察其志向;"变",就是"穷之以辞辩而观其变",即向对方提出复杂的难题,考察他对问题的解答、应变能力;"识",就是"咨之以计谋而观其识",即向对方征询计策,以观察其见识;"勇",

就是"告之以祸难而观其勇",即告诉对方有艰难险阻的存在,考察其是否有临危不惧的精神;"性",就是"醉之以酒而观其性",即考察其在醉酒之后所显示的品性和本色;"廉",就是"临之以利而观其廉",即把对方安置在有利可图的位置上,考察其是否廉洁;"信",就是"期之以事观其信",即托对方办事,考察他是否守信用(以上见《诸葛亮集·文集》卷4)。

除了"七条",诸葛亮还严格地考查官员身上是否存在着"五害"。这"五害"分别是:"因公为私,乘权作权";"内侵于官,外采于民"、"过重罚轻,法令不均,无罪被宰,以致灭身";"纵罪恶之吏,害告诉(上告申诉)之人";"阿私所亲,枉克所恨","不承法制,更因赋敛","诈伪储备,以成家产";"民失其职"(即加重人民负担,使人民无法生存)。对犯有"五害"的官员,一定要严惩不贷;没有"五害"的官员,一定受到奖赏(以上见《诸葛亮集·文集》卷3)。

诸葛亮举贤授能的用人之道,从上所述可以见其梗概。在蜀汉复杂的人事环境中,诸葛亮凭自己的政治文化素养和聪明才干,举贤用人,形成了有特色的养才用人之道,保证了蜀国在相当长的一段时间里的安定和团结,这在当时的历史条件下,是具有一定积极意义的。他重视人才,"取人不限其方",用人能"尽其器能",能比较公正地对待各种人才等等做法,是难能可贵的,也是我们今天所应该借鉴的。

六、治军·木牛流马·八阵图

以身兼将相而自许的诸葛亮,在治国理政的同时,未尝一日不在思谋治军、用兵之道。陈寿呈献给晋武帝司马炎的《诸葛氏集目录》中,就有《兵要》、《军令》等篇章。至今留存在《诸葛亮集》中的就有"兵要十则""军令十五条"以及有关谈兵治军的论述。

治军是为了治国,这是作为政治家又是军事家的诸葛亮治军的一贯指导思想。治军是为了"存国家安社稷","国以军为辅,军以臣为主,辅强则国安,辅弱则国危"(见《诸葛亮集·文集》卷3),国家的安危在于军队的强弱,这是诸葛亮高度重视武装力量建设的思想根源。

既然国家的安危系于军队的强弱上,而军队的强弱在很大程度上又取决于将帅的素质和才能,那么选择将帅之重要就可想而知了。所谓"千军易得,一将难求",说的就是对将帅选择的重要与要求之严格。诸葛亮时将帅的选择,与他治国举贤授能一样,注重德才并重。德,就是良好的道德,这里面包括对国家的忠诚,处事以公的原则,同时也包括爱民的思想。"非民之将,非国之辅,非军之主"(同上),意思是说,眼里如果没有老百姓,处理事务不考虑民众利益的将帅,就不是国家的良辅,就没有资格当军中的主帅。才,就是要求作为将帅要精通军事,懂得谋略,善于打仗。

在蜀国,在诸葛亮的心目中能够称得上合格的将帅并不多。从《三国志·诸葛亮传》中所叙,以及《出师表》中所涉及的,只有将军向宠和后来担任蜀汉主帅的姜维,诸葛亮才认为他们够得上是德才并重的将帅,可见他对将领的选择要求之严。

对军事将领全面军事素质的要求,集中体现在下面的一段话中:

一个将领要审知天时与地利,更要注意人和,要关心和爱护部属;既要熟悉各种攻防兵器,擅长运用掌握,又要注重赏罚公正严明对士卒作战勇敢与否所起的作用;要洞察敌人的阴谋,善于掌握敌人的动向,要了解进军路上的险阻,何处安全,何处危险,要变被动为主动,进军和退却,要掌握时机;防守要充分部署、提高警惕,进攻要加强力量,扩大声势;攻与防,都一定要积极发挥士兵的作用;对成功和失败都要充分估计到,要争取尽量减少伤亡(原文见《诸葛亮集·文集》卷3)。

总而言之,诸葛亮强调:一个优秀的将领,一定要深谋远虑,要集思广益,切不可独断专行。

在具体治军的方法上,诸葛亮采用礼治和法治相结合的办法。

所谓礼治,就是用儒家思想进行教育。诸葛亮在治国治军方面,最反对"不教而诛",平时要重视教化,对军队要"教之以礼义,诲之以忠信,诫之以典刑,威之以赏罚,故人知劝。"这就是说,要在思想上用礼义忠信的封建伦理观念武装将士们的头脑。为什么要这样做?诸葛亮解释说:从军事观点上讲,一个将帅能够"善养士卒"就可称得上是"仁";将士如果能"以身殉国",就是"忠";不为利禄富贵所动摇,就是"义";胜利了不骄傲,不居功,是"礼";能够"奇变莫测,动应多端",就是"智";"赏不逾时,刑不择贵",就是"信"。能够做到忠、义、礼、智、信的军队,就是一支战无不胜的军队(以上见《诸葛亮集·文集》卷4)。

以法治军,就是强调要以典刑、赏别来警戒官兵。如果说礼治是务虚的话,那法治就是务实的了。在诸葛亮看来,厉行法治是军队的法宝,他说:"一个做将帅的,统率着百万的军队,要使这么多人束肩敛息,躬身并足,集中注意力,连大气也不敢出,连头也不敢抬地来服从命令,靠的是什么呢? 靠的是法治。"(原文见《诸葛亮集·文集》卷4)如果"赏罚不明,法令不信",即使有"百万之师",也是"无益于用"的。诸葛亮非常推崇先秦军事家孙武、孙膑等人,赞赏他们在治军之中执法严明的作风。他认为,将士作战立了功,就要按功劳的大小给予奖赏,如果违犯了军法,那就不管他地位有多高,平时对他多亲近,也要依法处罚。著名的例子,就是忍痛挥泪斩马谡。马谡违犯军令,失了街亭,被处以死刑。当时蒋琬到汉中对诸葛亮说:"天下未定,杀掉智能之士,岂不是很可惜吗?"诸葛亮回答:"孙武之所以能够制胜天下,就是靠他严明的军法。现在刚刚和敌人交战,就因人而使军法受到破坏,怎么能够去讨贼呢?"(原文见《三国志·蜀书·马良传》裴注)可见诸葛亮对以法治军的态度是相当坚决的。法治对于诸葛亮本人也不例外,当第一次北伐失败时,他上疏承担责任,自贬三等。

在用"礼"与"法"治军的同时,诸葛亮还十分注意对军队进行技术训练,即重习练。用他自己的话来说就是:"军无习练,百不当一;习而用之,一可当百。"(《诸葛亮集·文集》卷4)他还说:"一支经过高度习练的军队,如果由一个才能不高的将帅来指挥,不见得就会失败;如果一个很有才干的将帅,统率的是一支没有训练的军队,也很难取胜。"

对军队具体的技术训练中,诸葛亮要求将士要掌握行军、作战、屯驻的要领,懂得进退攻守的次序,发挥各种兵器的效用。他还在军队中提倡互教互学的训练风气。他说:"一人可教十人,十人可教百人,百人可教千人,千人可教万人,可教三军,然后教练而敌可胜矣。"

正因为诸葛亮以"礼"、"法"治军,军队训练有素,阵容严整,因而蜀军的战斗力是比较高的。后人评论蜀军"止如山,进退如风,兵出之日,天下震动""帅数万之众,其所兴造,著数十万之功,是其奇者也"(《三国志·蜀书·诸葛亮传》裴注)、"密如鬼神,疾如风雷,进不可当,退不可追,昼不可攻,夜不可袭,多不可敌,少不可欺"(宋·苏轼《诸葛武侯画像赞》),这些赞语,虽多溢美之辞,但纵观蜀军在历次北伐战斗中,胜多败少的情况来看,诸葛亮治军的成效应该是很卓著的。

诸葛亮在治军方面,还有值得一提的方面,这就是史传上所称的"长于巧思",陈寿说:"亮性长于巧思,损益连弩,木牛流马,皆出其意。推演兵法,作八阵图,咸得其要。"(《三国志·蜀书·诸葛亮传》)这是指诸葛亮在改进兵器和运输工具方面有所创新,创造性地发展和丰富了古代的兵法阵图,在军事科学方面有一定的贡献。弩,是一种用机械力量射箭的兵器。诸葛亮改进连弩,称之为"元戎",说是"以铁为磁矢,矢长八寸,一弩十矢俱发。"这是一种杀伤力很大的劲弩。1964年,在成都附近出土的蜀汉钢弩机,证实了是经过诸葛亮改进的连弩的一种。

木牛、流马都是木制运载工具(主要用来运载粮食)。木牛是一种木制独轮车,在汉代以前就有了,汉代称之为鹿车。诸葛亮据此把它改进成"一脚四足"的木牛。木牛大体上可载一人一年的吃粮(约600多斤),每天可走20里地。在木牛的基础上,诸葛亮又加以改进,制成了流马,流马是木制四轮小车,行走的速度比木牛快,也较平稳,适合蜀国山地的运输。木牛、流马都是用人力推拉,不用铡草喂牲口,对解决蜀国向前线运输粮食起了不小的作用。

八阵图就是八种阵形变化之法。早在春秋战国时期就有"八阵"的名称，如《孙膑兵法》中就有"八阵""十阵"等篇目。诸葛亮很讲究阵法，他的八阵图就是在学习继承古代兵家的布阵之法的基础上创新出来的。诸葛亮自己曾说："八阵既成，自今行师，庶不覆败矣。"（见《水经·江水注》）这并不是自吹自擂，在实践中，确实使魏军吃了不少苦头。

诸葛亮八阵法之详细内容，没有留传下来，后来有的书上绘制了八阵图，大多是后人的伪作。相传诸葛亮曾经聚石为八阵图，以此来训练军队。石垒八阵图的遗迹现存有三处，一在今陕西省勉县南，一在今四川省奉节县南江边，一在今四川省新都县的牟弥镇。哪一处是真的，哪一处是假，尚无确论。其实不管是真是假，由于年代久远，现从遗址中也无法探究出诸葛亮八阵图的具体面貌。

诸葛亮创制的八阵图对后代影响很大。唐代的军事家李靖，在精研八阵图的基础上，又创制出六花阵法；唐代杜甫在观看奉节江边的八阵图遗址之后，写下"功盖三分国，名成八阵图。江流石不转，遗恨失吞吴"的诗句，来抒发对诸葛亮的怀念之情。

七、七擒孟获　南抚夷越

在叙述"七擒孟获"故事之前，必须介绍南中叛乱的由来。

在蜀汉管辖的南中地区（辖境包括今云南、贵州和四川南部一带），自古以来被称之为"夷越之地"，居住着叟、青羌等多种少数民族。东汉中后期，政治腐败，贪官污吏横行，对人民横征暴敛，南中各民族也深受这种暴虐统治之害。哪里有压迫，哪里就有反抗，东汉统治者对西南各族人民的压迫和剥削，激起了各族人民的多次反抗。虽然每一次起义和反抗，都被统治者残酷镇压下去，但斗争风云总是此起彼伏，从未间断。

面对东汉时期这种民族矛盾尖锐复杂的情况，诸葛亮早在《隆中对》中就提出了"西和诸戎，南抚夷越"的民族和睦方针，认为这是刘备集团占据益州后巩固内部、求得发展的重要前提之一。刘备入主益州之后，先后派了"轻财果毅"的邓方和处事干练的李恢为南中地区主政长官。由于他们很好地执行了诸葛亮的"和抚"政策,注意不过重剥削压迫少数民族,约束了地方官吏和豪强的霸道行为,在一定程度上得到了南中各族人民的支持和拥护,缓和了当时尖锐的民族矛盾,蜀汉政府对南中地区的控制也得到了加强。

但是蜀汉政府的"和抚"政策,却遭到一部分蓄意制造分裂的汉族豪强地主和少数民族"夷帅"的抵制和反对,他们蠢蠢欲动,伺机发动叛乱。

就在刘备病死不久,益州郡(治所在今云南省晋宁县东)豪强地主雍闿乘蜀汉力量削弱的时机,发动了大规模的武装叛乱,杀死了当时的太守正昂,又抓了继任太守张裔,把他押送给东吴。此时东吴也公开声援这股叛乱势力,任命雍闿为永昌太守。东吴的插手,使南中的局势更趋复杂化。

接着,越嶲(治所在今四川省西昌东南)少数民族贵族高定、羊可(今贵州省西部)太守朱褒也跟从雍闿起兵反叛。雍闿又拉拢当地另外一个少数民族首领孟获,并制造谣言,挑拨民族关系,使不少人受欺骗而参加到叛军中去。这么一来,除永昌郡以外,叛乱几乎席卷了整个南中地区。雍闿等人的叛乱,给蜀汉政权造成了严重的威胁。面对这一局面,诸葛亮头脑十分冷静。他一方面对南中采取"抚而不讨"的策略,积极做说服争取的工作,一方面着手恢复和加强吴蜀联盟。虽然在刘备病死之前,吴蜀已经基本讲和,但相互之间并不信任,东吴向魏国称臣,且又公然支持雍闿的叛乱,更是表示了不友好的态度。为了避免蜀国两面受敌,诸葛亮感到与东吴修复和好是当务之急。只有修复和加强吴蜀之间的联盟关系,解除来自东边的威胁,才能有利于南征平叛和以后的北伐曹魏。

就在刘禅继位当年(223),诸葛亮派了具有卓越外交才能的邓芝出使东吴,经过邓芝的不懈努力,孙权终于断绝了和魏国的关系,而重新和蜀国结盟,同时派遣使臣回报蜀国,从此吴蜀正式言归于好,这种结盟的关系,一直保持到蜀汉被灭亡。

蜀吴重新和好联盟,蜀汉内部经过一番整顿也已稳定。此时又传来了魏文帝曹丕兴师复征东吴的消息,这真是一个平讨叛乱的好时机。蜀汉建兴三年(225)春天,诸葛亮率领大军,浩浩荡荡,向南中进发。

　　临出发时,参军马谡前来送行,诸葛亮向他征询破敌之策,马谡建议说:南中凭借地势险要且僻远,不服从朝廷已经很久了,即使今天收复了他们,大军一退,他们还会继续叛乱。用兵的道理,在于攻心为上,攻城为下;心战为上,兵战为下。希望丞相不要专用武力,采取安抚的办法,使他们心悦诚服,从而消除后患。

　　马谡这一番话,甚合诸葛亮的心意,立即被采纳,作为平南的根本策略。

　　蜀军分成三路前进:东路军由马忠率领,进攻羊可郡;中路由李恢率领,进攻益州郡;诸葛亮率领西路军,直扑越巂。蜀军具有极强的战斗力,叛军根本不是对手。不久,西路军一举消灭了高定的叛军,收复了越巂。与此同时,东路军也打败了朱褒,攻进了羊可郡。东西两翼的叛乱武装被肃清之后,三路大军在诸葛亮指挥下,分别直捣叛乱的最后据点益州郡。

　　这年五月,诸葛亮率军渡过了泸水(今金沙江),进入了益州郡。此时前来与高定会合的雍闿在内讧中已被高定的部下所袭杀,孟获做了叛军的主帅。孟获在益州地区很有威望,那里的少数民族和汉人都很听他的话。诸葛亮决心对这位少数民族首领采用"攻心"战术,使他心悦诚服,以改变南中时常"叛乱"的局面。于是他命令将士要生擒孟获,不准杀害。

　　当孟获在盘江上游(今云南省曲靖市地区一段)要和诸葛亮决一雌雄之时,第一仗就被生擒活捉。诸葛亮好言抚慰他,还布列营阵,带他参观,然后问他说:"你看我们的军队怎么样?"孟获虽然被擒,但内心还是很不服气,他傲慢地回答说:"原本不知你们的虚实,所以打了败仗。今天承蒙赐观营阵,看起来也不外如此。若是能放我回去整兵再战,我是一定能够打败你们的。"诸葛亮听了，知道他不服，就笑着把他释放了，并叫他整顿兵马，再来决战。

孟获回去集合部众，又来战斗，结果还是兵败被捉。就这样，诸葛亮对孟获一连纵擒达七次之多，在最后第七次诸葛亮释放孟获时，孟获既钦佩而又感动地说："丞相天威，我们南人决不再造反了。"

诸葛亮降服了孟获，继续统兵南下，不久，蜀军六路大军在滇池会师，至此，叛乱全部被平定，南中战事基本胜利结束。诸葛亮对孟获"纵擒"是"攻心"政策的具体体现，是诸葛亮采用军事和政治相结合方针的胜利。在此次南征中，诸葛亮的军队纪律严明，禁止烧杀抢掠，注意搞好同当地少数民族的关系，在坚决打击叛军主要头目中的死硬分子的同时，争取次要而有影响的头目。正因为如此，蜀军从春天三月出兵，至秋天"遂平四郡"，用了不到半年的时间，就把长达两三年之久的反叛势力剪除。在这么短的时间内，取得了这么大的胜利，这是与诸葛亮采取"攻心为上"的用兵方略分不开的。"七擒孟获"的故事，确实称得上是战争史上的一段佳话。

平叛胜利结束，蜀军全部撤回成都，为了争取少数民族首领和蜀汉政府合作，诸葛亮尽量录用当地各方面有影响的上层人物，让他们担任南中地区各级政府官吏。对于其中威信较高、实力较强的首领，诸葛亮还把他们带回成都，给他们很高的官职，如孟获就在蜀汉朝廷中担任了负责监察之御史中丞。诸葛亮这么做，就是为了增强民族团结，以便更好地治理南中，无疑也是对东汉以来汉人统治少数民族、实行残酷压迫的弊政的改革，其历史意义不容低估。

为了便于蜀汉政府管理和控制这些地区，诸葛亮把原来叛乱地区的四个郡改为六个郡，并派一些当地人或熟悉当地情况的人担任郡守。郡数增加，郡区缩小，有利于防止地方势力过大，搞分裂割据，这也是诸葛亮加强蜀汉中央集权所采取的有力措施。

为了改变南中地区的落后面貌，发展南中地区的农业生产，诸葛亮还派内地人到那里推广先进的农业生产技术。那里的少数民族本来采用刀耕火种的落后耕作方法,但他们很快就学会了牛耕,并学会了织锦和其他手工技艺。诸葛亮还注意在这一地区兴修水利,灌溉农田,扩大耕地面积。这样一来,那些原来居住在深山密林中,过着原始狩猎生活的少数民族,也逐渐迁居到平地,建立村落,从事农桑生产。

南中地区开发之后,给蜀汉政权带来了很大的好处,当地生产的金、银等矿物,以及耕牛、战马等,都源源不绝地运到蜀中,增强了蜀汉的经济力量。此外,诸葛亮还从当地少数民族中选取一批强壮男子,编成军队,连同他们的家属一万多户,迁到蜀中,以补充蜀汉兵源的不足、这支军队骁勇善战,号称"飞军",成为蜀军中的精锐力量。

诸葛亮对少数民族实行的"和抚"政策和措施,对加强祖国西南地区的统一,促进西南各族间的友好往来和社会经济的进步,起了积极作用。他在开发西南地区方面的功绩,是应该充分给予肯定的,正因为如此,千百年来南中各族人民对诸葛亮寄予深切的怀念,从南中地区流传至今的许多有关诸葛亮的生动的故事中,就可看出这一点。

八、五次北伐　鞠躬尽瘁

北伐曹魏,兴复汉室,统一全国,这是诸葛亮早已在《隆中对》中提出的奋斗目标。

西南地区的叛乱已平定,蜀汉内部也比较安定,而此时魏文帝曹丕病死,子曹睿(即魏明帝)即位,曹魏政局发生了变化,诸葛亮认为这是北伐的一个好时机。经过一番准备,在第二年春天,诸葛亮亲率军队,北驻汉中,伺机进击曹魏。临行前,他向后主刘禅上了一篇奏章,这就是著名的《出师表》。

《出师表》中,谈到了北伐的目的,表示了自己要不辜负先帝刘备的嘱托,努力去实现这一目标。同时也建议刘禅广泛听取群臣的意见,采纳忠益之言,不要偏听偏信;要赏罚公平,使宫廷内外执法如一。同时,诸葛亮在表中还推荐了许多贤能的大臣,要刘禅遇事多同这些人商量,然后施行。《出师表》集中地反映了诸葛亮的政治思想和主张,倾注了他对蜀汉政权的忠心和期望。写得挚切诚恳,感人肺腑,是后世流传久远的名篇。

蜀汉建兴六年(228)春,诸葛亮率军北伐。在出兵之前,他在南郑召开了一次军事会议,商定了进兵之策。为了迷惑曹军,诸葛亮采取声东击西的办法,他命赵云、邓芝带领一支人马,进驻箕谷(今陕西省襄城县北),扬言要从斜谷道去攻打郿县(今陕西省眉县北),其实这是一支疑兵。而诸葛亮则亲自带领主力向西北去攻打郊山(今甘肃省西河县西北)。

魏明帝上了诸葛亮的当。在他得知蜀军进攻后,急令大将军曹真调动关右诸军屯郿县,堵截赵云、邓芝之军。这样一来,魏国的关中兵马大部分被诸葛亮的偏军牵制在东边了。诸葛亮的主力军,兵强将勇,锐气很盛,顺利进入祁山。魏军没有防备,非常恐慌,原来属于魏国统治的南安、天水、安定三郡相继投降,诸葛亮还在冀城收降了魏将姜维。蜀军军威大振,而魏国朝野则为之恐惧,形势对蜀军非常有利。

这一下,魏明帝坐不住了,他亲自到长安坐镇,命右将军张郃率领五万人马,抵御诸葛亮的主力部队。

诸葛亮派参军马谡为先锋,带领军队,进驻街亭(今甘肃省秦安县东北)迎击魏军。马谡自幼善读兵书,谈起军事道理来也头头是道,在南征叛乱时,他曾为诸葛亮出过很好的建议,深得诸葛亮的器重。但他缺乏实际作战经验,又自以为是,既不遵照诸葛亮的部署,又不听从副将王平的劝告,把营盘扎在山上,结果被张郃围困,切断水源,蜀军大乱,被杀得大败,街亭为魏军所夺。诸葛亮错用马谡,失街亭,不仅仅使他感到终生遗憾,而且留给了后世一个很值得借鉴的历史故事。

街亭之失,牵动全局。不久,曹军在东面又发起进攻,打败赵云、邓芝。前线失利,诸葛亮被迫退回汉中,所得到的南安、天水、安定三郡又归附魏国。诸葛亮第一次北伐就这样失败了。回到汉中,诸葛亮严责马谡,下令把他处死。诸葛亮和马谡交谊深,但马谡不斩又不能严明军法,因而马谡被处死之后,诸葛亮流着眼泪亲自为他祭奠,这就是后代所说的"诸葛亮挥泪斩马谡"。

顺便提一下,在小说与戏剧中,有"空城计"的故事。说的是诸葛亮在失去街亭之后,沉着冷静,坐守空城,弹琴吓退了司马懿的兵马。其实这是一个虚构的故事,目的是为了突出诸葛亮的智谋。司马懿当时驻军宛城,根本不可能与诸葛亮接战。

诸葛亮按军法处死马谡,就上书后主刘禅,请求给自己降职处分。第一次北伐的失败,并没有动摇诸葛亮北伐的决心,他加紧训练军队,申明纪律,等待再次北伐的机会。

这年冬天,诸葛亮深知魏将曹真在石亭(今安徽省潜山县东北)被吴军打败,关中虚弱。于是他又趁此时机领兵数万,杀出散关(今陕西省宝鸡市西南),包围陈仓(今陕西省宝鸡市东)。此次北伐,遭到了魏国守将郝昭的坚决抵抗,加上陈仓城墙坚厚,蜀军围攻了20多天,未能攻下。诸葛亮眼见蜀军粮食将要吃完,又探听得魏国救兵将至,无计可施,只得主动撤兵。蜀军撤退时,魏将王双出兵追击,诸葛亮用伏兵把他杀死。

蜀汉建兴七年(229)春天二月,诸葛亮再次出兵祁山,发动了第四次北伐。此时魏军西线统帅曹真病危,魏明帝把东线的司马懿调来西线对付诸葛亮的进攻。老奸巨猾的司马懿知道蜀军远来,粮食接济不便,而诸葛亮急于决战求胜的特点,采取了凭险据守、按兵不动的策略。诸葛亮见没有交战的机会,就用退兵的办法引诱敌人。司马懿只是远远跟着,并不靠近和蜀军交锋。每到一处,总是登山挖沟,安营扎寨,待蜀军来攻,又老是不肯出战。魏军将领们都讥笑司马懿,说:"司马公畏蜀如虎,真不怕天下人笑话吗?"司马懿在众将一再请求下,不得不领兵出击。诸葛亮派大将魏延、高翔、吴班等领兵迎击,魏军大败,损失了许多军械、辎重。

正在两军相持，形势对蜀军有利的时候，不料负责供应军粮的李平督运不力，蜀军粮食发生问题。李平又假传后主刘禅的命令，让诸葛亮退兵。诸葛亮以为出了什么大事，只好撤兵退回。司马懿派大将张郃追击，进至水门谷（今甘肃天水县西南），张郃被埋伏在此地的蜀军万箭齐发射死。

　　经过三年准备的时间，到了蜀汉建兴十二年（234）春天，诸葛亮第五次出兵伐魏。四月，蜀军到达渭水南岸的五丈原（今陕西省歧山南），扎下营寨。司马懿率领魏军渡过渭水，背水构筑营垒阻挡，与蜀军遥遥相对。诸葛亮此次出兵，还派了使者去东吴，约孙权东、西配合，共击魏军。殊不料吴军很快被魏军打败而退兵。

　　司马懿此次领兵拒敌，用的还是原来的策略：坚守不出。因为他知道蜀军粮草运输不易，时间一拖延，蜀军必定粮尽自退。诸葛亮也深知粮草问题的重要。为了解决这一运输问题，他设计创制了木牛和流马，用来运输粮草。同时，他还在渭水南岸"分兵屯田，为久驻之基"，让一部分军队从事农业生产，作长期同魏军作战的准备。

　　双方坚持了一百多天，此期间，蜀军多次挑战，司马懿就是坚守不出，有一次诸葛亮还派人送一套女人穿戴的衣服给司马懿，以此来羞辱、激怒他。虽然魏军将领们气得摩拳擦掌，纷纷要求和蜀军见一高低，但老谋深算的司马懿照样还是坚壁高垒，固守不出。

　　由于长期艰苦的军旅生活、日夜繁忙的军机事务，加上面对欲战不能、欲退不甘心的战争局面使之心情烦闷，诸葛亮积劳成疾，终于病倒了，而且病情日益严重。

　　后主刘禅得知诸葛亮患病的消息，马上派了尚书仆射李福来省视。李福代后主问安之后就走了。过了几无，李福又急匆匆去而复返，诸葛亮一见，就说："我知道你返回的意思。你要问的，就是谁可接替我的职位的问题，我认为蒋公琰（琬）合适。"李福又问蒋公之后谁可接，诸葛亮说："费祎合适。"当李福还想再继续问下去时，诸葛亮就不再回答了。

这年八月,诸葛亮在五丈原军营中与世长辞,死时只有54岁。

诸葛亮死后,长史杨仪、护军姜维按照诸葛亮临终前的布置,秘不发丧,整顿兵马,向汉中撤退。司马懿从当地百姓的口中得知诸葛亮已死,就率兵追赶。杨仪突然回军鸣鼓,向魏军作出冲击的样子。司马懿大吃一惊,以为诸葛亮没有死,连忙撤军回去,不敢再追。于是杨仪整队从容而退。当司马懿知道确实消息后,再出兵追击时,蜀军早已走远了。这件事被当地百姓编成谚语说:"死诸葛吓走活仲达(司马懿字)。"司马懿听后苦笑地说:"我能料到他活着,哪能料到他死呢?"

蜀军撤退完之后,司马懿观看了蜀军的营地,只见营垒安排措置,井井有条,不禁大为赞叹道:"诸葛亮真是天下少有的奇才啊!"

诸葛亮死后葬在汉中定军山下,殡仪从简,依山造墓,墓穴大小仅能容纳棺材,入殓时只穿平常人衣服,不放任何陪葬品。

诸葛亮安葬时,刘禅下诏祭奠,赠他丞相武乡侯的印信,并赐忠武侯的谥号。因而,后代就尊称诸葛亮为诸葛武侯。

九、世代怀念　千古流芳

在中国古代,没有哪一位政治家或军事家能像诸葛亮那样,受到了当世以及后世那么多人褒扬和赞誉。

《三国志》的作者陈寿于泰始十年(274)上书给晋武帝司马炎,书中就提到:"诸葛亮死后,蜀川之地的人民还在时时刻刻地怀念他。"(原文见《诸葛亮集·表》)晋人袁准也说:"诸葛亮之死数十年了,国人歌颂、怀念他,就如同周代的人思念召公那样。"

至于后代,景仰和崇敬诸葛亮的人就更多了,他们或撰文,或吟诗,或用故事的叙述形式,或把他搬上舞台、银幕等等,来寄托他们对诸葛亮高风亮节的由衷赞叹。鞠躬尽瘁的献身精神的怀念之情。

唐代著名诗人杜甫就不止一次撰诗追怀诸葛亮,其《蜀相》一诗曰:

> 丞相祠堂何处寻？锦官城外柏森森。
>
> 映阶碧草自春色，隔叶黄鹂空好音。
>
> 三顾频烦天下计，两朝开济老臣心。
>
> 出师未捷身先死，长使英雄泪满襟。

诗中对诸葛亮经时济世的献身精神给予了高度的赞扬，对他宿志未酬寄予了深切的同情。

其《咏怀古迹》（五首之一）曰：

> 诸葛大名垂宇宙，宗臣遗像肃清高。
>
> 三分割据纡筹策，万古云霄一羽毛。
>
> 伯仲之间见伊吕，指挥若定失萧曹。
>
> 运移汉祚终难复，志决身歼军务劳。

再一次地抒发了对诸葛亮的赞扬和惋惜之情。

清末起藩用对联形式来称赞诸葛亮的政治和军事才能，是众多楹联、匾额中的代表作：

> 能攻心则反侧自消，自古知兵非好战；
>
> 不审势即宽严皆误，后来治蜀要深思。

而现代文学家郭沫若先生对诸葛亮为国家事业鞠躬尽瘁的精神也给予高度肯定，他在《蜀道奇》中写道：

> 鞠躬尽瘁兮，诸葛武侯诚哉武；
>
> 公忠体国兮，出师两表留楷模。

作为封建地主阶级政治家和军事家，诸葛亮为什么能够一直受到不同阶级、不同阶层的人尊崇，享有那么高的声誉呢？为什么关于他及他的故事，几乎达到了家喻户晓、有口皆碑的地步呢？我们认为有以下几方面的原因。

首先，诸葛亮是一个出色的政治家，他的政治远见，他的政治才能和所取得的成效,都是人们所公认的,就是敌对势力中的成员,也对他赞不绝口。如魏国的贾诩说:"诸葛亮善治国。"(《三国志·魏书·贾诩传》)刘晔说:"诸葛亮明于治而为相。"(《三国志·魏书·刘晔传》)

在这里我们还可以再举出陈寿的《诸葛亮集·表》中对诸葛亮总评价的话语,来看看诸葛亮的政治才能:

诸葛亮作为丞相,安抚百姓,昭明法度,裁减官员,制定了非常合于时宜的政治法度;他诚心待人,发扬公道之心;对国忠心耿耿,对于有益于国家的人,即使和他有嫌隙,他也一定会给予奖赏;对于玩忽职守的人,即使是其亲朋好友,他也一定给予惩罚;能够老老实实交代其罪行的人,虽然罪重,也能够得到宽待;狡辩抵赖、想掩饰罪责的人,即使罪轻,也必定遭到严惩;为善不论多细小,也会受到褒扬、奖励;作恶无论多细微,也会受到贬责,他熟通各项事务,处置事情能抓住要害、关键;对人的考察根据名位,要求做到名实相符;弄虚作假之人,是绝对得不到重用的。因而,蜀国境内的人对诸葛亮既爱戴又畏惧,他的刑法政令虽然严峻,却没有人怨恨他,这就是他出于公心、劝戒分明的缘故。诸葛亮的确可以称得上是懂得治国的优秀人才,是和管仲、萧何差不多的杰出人物。

这种评价,并非溢美之辞。从我们上面的评价就可以看到,诸葛亮法度严明。赏罚有度、办事公正、任人唯贤,在政治上注意改革,使蜀汉政权有了清明的作风和政绩。另外,他重视生产,爱抚百姓,对维护蜀汉地区的统一,促进当地社会经济的发展,促进汉族与少数民族之间的经济文化联系,起了相当的作用。

其次,诸葛亮是一个出色的军事家,具有卓越的军事才能。刘备集团的军事力量能够由弱变强,达到和曹操、孙权集团角逐、抗衡的程度,这是与诸葛亮治军的才能和成绩密不可分的。诸葛亮精通兵法,治军有道,他重视军队的纪律和训练,注意研究和使用阵法,改进、设计、制造先进武器,等等,这都是有目共睹的。但是也许有人提出来,诸葛亮北伐未能成功,他能算一个出色的军事家吗?这是典型的以"成败论英雄"的说法!我们认为,判断一个人是否具有军事才能,不能单纯以他所进行的战争是否胜利为标准。诸葛亮的北伐战争之所以没有取得成功,主要是由于魏、蜀两国力量对比过于悬殊,另外还有一些诸葛亮所不能左右、不能逆转的客观形势发展,如关羽的失荆州,刘备伐吴的惨败。诸葛亮是尽了他最大的主观努力,矢志不移地来进行他的"复汉室"事业的,虽然未能成功而心力交瘁而死,但在历史上为他自己写下了光辉的一页。对诸葛亮的军事才能、出色的军事家资格,是不能以北伐没有成功来加以否认的。

再次,诸葛亮的个人品德、工作作风、生活作风,也一直受到后世的称赞。他忠于职守,艰苦奋斗,任劳任怨,尤其那种"鞠躬尽瘁,死而后已"的献身精神,为后人树立了光辉的榜样。他的"淡泊以明志,宁静以致远"的个人生活作风,对当世和后世产生了极其深远的影响。他在生前给后主上表时曾谈到他的家庭和个人生活,表上说:

我原先侍奉先帝,一切家庭生活费用都靠公家供给,自己不去谋划另外的收入。现在我家在成都有桑树八百棵,薄田十五顷,子弟们的衣食之用,已经足够了。至于我在外供职,没有其他花销,衣服、伙食等,全部是官家提供,不会再去经营其他的生计,增加任何个人收入。我死之后,一定不让家中有多余的物资,外地有多余的资产。否则就辜负陛下的恩典了。

一个身居一人之下、万人之上的丞相,能够做到这样廉洁奉公、生活简朴,确实难能可贵。

诸葛亮就是这样一位永远值得纪念的杰出历史人物。

辅助太宗　匡正得失

魏征（580—643），字玄成。汉族，巨鹿人（今河北邢台市巨鹿县人，又说河北晋州市或河北馆陶县）人，唐朝政治家。曾任谏议大夫、左光禄大夫，封郑国公，以直谏敢言著称，是中国史上最负盛名的谏臣，享有崇高的声誉。著有《隋书》序论，《梁书》《陈书》《齐书》的总论等。其言论多见《贞观政要》。

一、投奔瓦岗寨　辅助唐太宗

魏征的父亲魏长贤精通文史，博学多才，曾做过北齐著作郎，后因直谏朝政，贬为上党屯县令，父亲正直倔强的品质，对青少年时代的魏征产生了很深的影响。然而由于父亲去世较早，家业也因此衰落。穷困的生活，并没有磨灭魏征的意志，他性格坚强，胸有大志，好读书，多所涉览，尤属意于历代兴衰得失之道，这为他以后的从政、治史打下了厚实的基础，魏征青年时代是在隋末的动乱年代度过的。为了躲避战乱，他出家当了道士。当时，在河南一带翟让、李密领导的瓦岗军，攻占了洛阳东北的最大粮仓兴洛仓；起义军开仓放粮，济贫救苦，深得百姓拥护，队伍迅速扩大，声威日盛。隋大业十二年（616），隋武阳郡丞元宝藏起兵响应李密，元宝藏知道魏征有学识，请他到郡府掌管书记，魏征毅然前往。

李密见到宝藏的书信，常常赞叹不已。以后知道这些书信均出自魏征手笔，李密便请魏征到元帅府任文学参军之职，执掌文翰。魏征向李密条陈10项，但李密在惊奇魏征之才之余，并不采纳他的计谋。隋大业十三年（617），李密刺杀了瓦岗军首领翟让，瓦岗军的领导力量被大大削弱。瓦岗军是一支很强的反隋力量，曾先后打败隋将王世充和宇文化及，当然，瓦岗军也付出了高昂的代价，强将死伤不少。

李密对形势估计错误,并且滋生了骄傲情绪。就在李密谋杀翟让不久,王世充集中20万大军向瓦岗军扑来,魏征非常关心这次战斗的胜败,他找到李密的一个姓郑的长史说:"魏公(李密)虽骤胜,而骁将锐半多死,战士心怠,此二者难以应敌。且世充乏食,志在死战,难与争锋,若深沟高垒以拒之,不过旬月,世充粮尽,必自退,追而击之,无不胜矣。"魏征的意见无疑是正确的。但目光短浅的郑长史却斥之为"老生之常谈"。魏征非常生气,拂袖而去。结果,李密大败,瓦岗军全军崩溃,李密只得投降唐朝。魏征也随李密到京城长安。魏征归唐后,并不被重用,默默无闻。因而,他自动请求安抚山东。唐高祖李渊同意他的请求并把他升为秘书丞。从长安来到黎阳,魏征给据守黎阳的李密旧部徐世勣写信,劝他归唐。徐世勣深知形势,很快就归顺了唐朝。

这样,魏征凭一封信就使唐朝获得了山东(太行山以东)的广大地区。徐世勣归顺后成为唐朝的一代名将,在多次征讨中曾立下赫赫战功。李渊赐以李姓,又避唐太宗李世民讳,改名李勣。

不久,魏征来魏州,说服元宝藏也归附了唐朝。魏征从魏州又回到黎阳,同年十月,河北农民起义军窦建德攻占黎阳,魏征为其所俘,窦建德就拜任魏征为起居舍人。武德四年(621),李世民率兵围攻洛阳,王世充向窦建德求援,李世民一举击败了王世充和窦建德,魏征再度归唐。

魏征当过道士,又在李密、窦建德的农民起义军中生活了一段时间,他目睹了农民起义军的伟大力量,也深刻了解了农民的悲惨生活和感情,这使他懂得"水能载舟,亦可覆舟"的道理;丰富的实践对魏征以后的政治思想的形成产生了极大的影响。太子李建成知道魏征有才气,便召为洗马,掌图书缮写,魏征因而成了东宫的官属。李建成十分器重魏征,魏征也对李建成忠心不二。在李建成和李世民争夺皇位的斗争中,魏征竭尽全力为李建成出谋划策。

魏征看到李世民在创建唐王朝的过程中立下了巨大功劳,深得人心。因此他提醒太子说:"秦王功盖天下,中外归心,殿下但以年长位居东宫,无大功以镇服海内。"当此时,逃往突厥的窦建德残部刘黑闼经过几个月的休整,又把河北失地重新占领,恢复了许多州县。魏征抓住这一时机,对李建成说:"今刘黑闼散亡之余,众不满万,资粮匮乏,以大军临之,势必有如摧枯拉朽,殿下宜自去之以取功名,并以此结识山东豪杰,庶可自安。"李建成同意魏征的建议,向李渊请命。李渊诏李建成率军征讨刘黑闼,魏征随军出征。唐军至昌乐,刘黑闼严阵拒守,两军形成对垒。魏征向李建成建议,采用镇压和安抚相结合的两手政策,遣返俘虏,使刘黑闼的同党相信朝廷的赦免政策,以瓦解其军心。这一策略的实施使刘黑闼军心涣散,纷纷逃亡,降唐的也不少。最后刘黑闼大败,为唐军所杀。由此,唐朝稳固了在山东、河北的统治。这次战役,充分显示了魏征的政治军事才能。

唐王朝统一天下后,李建成和李世民的矛盾日益激化,魏征屡屡劝说李建成早下决心,除掉李世民以绝后患。但在武德九年(626),李世民却先发制人,在玄武门设下伏兵,一举把李建成和李元吉诛杀,取得了玄武门之变的胜利。李渊被迫接受了现实,他立李世民为太子,并将军国大权完全交由李世民处理。玄武门事变后,李世民对东宫僚属一律宽大。有一天,他把魏征召来责问道:"你为什么要离间我们兄弟?"魏征从容答道:"太子若听我的话,决不会有今日之祸。"李世民早就知道魏征的才能,又见他临危不惧,更加器重他。任命魏征为太子詹事府主簿,掌握东宫的庶务和文书。

武德九年(626)八月,李世民当了皇帝,这就是唐太宗。唐太宗知人善任,提升魏征为谏议大夫。他派魏征安抚河北。当时,河北州县有不少李建成和李元吉的余党在活动,他们终日惶恐不安,害怕李世民镇压,因而有思乱之心。

魏征曾建议太宗,要对他们出以公心,不计旧怨。唐太宗听从他的意见,派他去安抚,允许他有权根据实际情况,自行变动处理。魏征到了磁州(令河北磁县),见到押送进京的李建成侍卫李志安和李元吉的护军李思行，下令把他们释放，并下令将原来东宫和齐王府的旧属，一律赦免。这样一来，河北也就安定了。魏征不辱使命，回到长安，唐太宗很是高兴。从此以后，魏征与太宗皇帝的关系日益密切，有时甚至进入太宗卧室商议大事。魏征深感知遇之恩，更加知无不言，言无不尽。

太宗即位不久，宰相封德彝提出建议："中男虽年未十八，其躯干壮大者"亦可点兵。政令既出，魏征以为不可。唐太宗怒责曰："中男壮大者，乃奸民诈妄以避征役，取之何害？"魏征回答说："夫兵在御之得其道，不在众多，陛下取其壮健，以道御之，足以无敌于天下，何必多取细弱以增虚数乎！陛下曾说：'我以诚信御天下，欲使臣民皆无欺诈。'今即位未几，失信者数矣！"他接着说，"陛下初即位时曾下诏言，'过去交国家的财物，一律捐免。'但有关部门却仍然催交。您的诏书还说，'关中免两年租调，关外免一年徭役。'有关部门把交纳的租调散还给他们。而又下诏说，'已经服役、交纳租调的，从明天开始免除。'租调不免，又要点兵，这是以诚信待天下吗？"唐太宗听后十分高兴，说："我原以为你固执，不通达政事。今天听你议论，真是精辟透彻，我的错误确是不小。"他不但接受了魏征的意见，还奖给他一个金瓮。

贞观元年（627），有人告发魏征徇私其亲戚。太宗请御史大夫温彦博查办，结果查无实据。温彦博奉诏责怪魏征，说他不注意检点行为，远避嫌疑，以致招来诽谤。魏征去见太宗说："臣不敢奉诏"，还说，"君臣一条心，才叫做一体，哪有抛却大公无私，而专在检点行为上下功夫？如果上下都走这条路，国家兴亡就难以预料了"。他对唐太宗说："愿使臣为良臣，不为忠臣。"太宗问："忠良有什么不同？"魏征说："良臣身有美名，如稷、契，君主也获得好的声誉。而忠臣则不同，如商纣王时的龙逢、比干，面折廷净，身诛国亡。"太宗听了非常高兴。接着问魏征："人主何为而明，何为而暗？"魏征回答说："兼听则明，偏听则暗。"唐太宗听后非常高兴，连声称好。贞观三年（629）二月，魏征以秘书监参预朝政，当了宰相。贞观七年又改任魏征为侍中，侍中是门下省长官，更是当时的宰相。

二、敢犯人主颜 永为诤臣范

贞观十年(636)六月,魏征屡以目疾请为散官,散官是没有实际职务的官员,太宗不得已,以魏征为特进,"仍知门下事,朝章国典,参议得失"。其实还是在宰相位上,只不过没有那么多繁杂事务。直到贞观十六年(642)九月,才罢相为太子太师。贞观之初,唐朝君臣之间曾发生如何治国的讨论。唐太宗认为,大动乱之后,很难把百姓教化好,而魏征对此却持乐观态度。他认为,大乱之后,百姓对治理的要求,就如同饿极了的人求食一样。唐太宗对魏征的话有点怀疑,他说,古人云,贤明的人治理国家,也要百年才有成果。魏征回答说,这是指平常人说的,如果是英明的君主,一年就可取得成功,三年才得成绩已经不算早了。而宰相封德彝认为魏征蛊惑君心。他指出,夏、商、周三代以后,人心变得浮荡奸诈,秦用严刑峻法,汉施仁义、刑律两手,都未能取得成功。如果听信魏征的话,国家必然大乱。

魏征针锋相对,以历史事实驳斥了封德彝的人心不古的议论,说如果人心越来越奸诈,那么到今天人就都变成鬼,还能谈什么教化?魏征的这一番话,把封德彝说得无言以对,而对唐太宗来说,却坚定了他大治天下的决心。

在具体政策及措施的做法上,朝臣们也各执一词。有人要太宗"独运威权",有人建议太宗"震耀威武,征讨四夷"。而魏征建议唐太宗应"偃革兴文,布德施惠,中国既安,四夷即服"。魏征的治国方针是把重点放在国家的恢复和建设上,使百姓安居乐业,使唐王朝长治久安;而要使国家长治久安,魏征认为,必须"抚民以静"。他以隋朝和贞观初期相比,隋初的仓廪、户口、甲兵都比唐初又多又强,但是,"隋以富强动之而危,我以寡弱静之而安"。

魏征此处所说的"静",就是使百姓得以休养生息、安居乐业,而并非对百姓没有任何役使和盘剥,而是动之以时、适度而已,而不像隋炀帝那样"虐用其民"、"诛求不已",使老百姓无法生活最后只能揭竿而起。唐太宗是个贤明的君主,他把"抚民以静"作为基本国策确定下来,贞观二年(628),他就说:"凡事皆须务本,国以人为本,人以衣食为本,凡营衣食,以不失时为本。夫不失时者,在人君简静乃可致耳。"唐太宗的"抚民以静"思想和魏征不谋而合,君臣一心,使"抚民以静"的方针得到了很好的贯彻。抚民以静的具体做法就是:必须减轻徭役。繁重的徭役,势必侵占农时,耗费大量的劳力。魏征常常提醒唐太宗勿搅民扰民。一次,唐太宗要巡游南山,一切都准备好了。但好久不见出发的动静,魏征为此询问唐太宗。唐太宗告诉魏征,当初确有这个想法,但害怕你又要直言进谏,所以很快又打消了这个念头。

公元632年,唐朝经济好转,国泰民安。文武官员再次请唐太宗封禅,也就是到泰山祭天,表示对天的敬畏。魏征却竭力反对封禅,他说,"唐初隋末大乱之后,户口未复,仓粮尚虚,而车驾东巡,千乘万骑,其供顿劳费,未易任也。"他又进一步指出,兴师动众,远行千里,必然会财尽民劳。经魏征这么一讲,唐太宗的封禅之举也就停止了。身为宰相,魏征特别注意协调君臣关系。在魏征看来,君臣如同一体,国君是人的首脑,臣子是人的四肢;君臣一体,协调一致,才能治理好国家。他引用孟子的话说:"君视臣如手足,臣视君为腹心;君视臣如犬马,臣视君如国人;君视臣如粪土,臣视君为寇仇。"

从儒家的道德观念出发,魏征认为在君臣关系上,君是主要的,起主导作用的。因而,他主张君必须以诚信待臣,"诚信立则下无二心","上不信,则无以使下;下不信,则无以事上,信之为道大矣"。(《贞观政要·诚信》卷五)唐太宗懂得儒家君为臣纲的道理,他克己修身,崇尚节俭。但也有犯糊涂的时候,此时魏征则是犯颜直谏。

贞观十一年(637),唐太宗为了个人享乐,在洛阳修建飞山宫。魏征上书反对,他希望唐太宗以史为鉴,吸取教训,他说:"炀帝恃其富强,不虑后患,穷奢极欲,使百姓穷困,以致身死人手,社稷为墟。陛下拨乱反正,宜思隋之所以失,我之所以得,撤其峻宇,安于卑宫,若因基而增广,袭旧而加饰,则以乱易乱,殃咎必至,难得易失,可不念哉。"唐太宗遂即醒悟,停修了飞山宫。还有一次,唐太宗去洛阳,中途住显仁宫,因当地供应不周,太宗大发脾气。魏征进谏说:"陛下因供应不周而动怒,恐怕这种风气传下去,将来会弄得民不聊生。从前隋炀帝常以郡县供应多少而赏罚,所以海内叛之,亡国了。这是陛下亲眼所见的,为什么还要去效仿他呢?"唐大宗听了,出了一身冷汗,对魏征说:"要不是你,我是听不到这样的话的。"

贞观十三年(639),魏征因唐太宗有违克终俭约的初衷,逐渐趋于奢纵,因此向唐太宗上疏进谏,这就是历史上有名的《十渐疏》。《十渐疏》指出了唐太宗"渐不克终者"有十条,这十条的主要内容是:一、贞观之初,无为无欲,清静之化,远被通荒,今则求骏马于万里,市珍奇于域外,取怪于道路,见轻于戎狄。二、贞观之始,视人如伤,恤其勤劳,每存简约,无所营为,顷年以来,意在奢纵,轻用人才,乃云:"百姓无事则骄逸,劳役则易使。"三、贞观之初,损己于利物,至于今日,纵欲以劳人,卑俭之迹岁改,骄侈之情日异,虽忧人之言不绝于口,而乐身之事实切于心。四、贞观之初,破两名节,不私于物,唯善是与,亲爱君子,疏远小人。今则不然,轻亵小人,礼重君子。重君子也,敬而远之;轻小人也,狎而近之。近之则不见其非,远之则莫知其是。魏征的奏疏,用鲜明的对比,有力的事实和论证,剖析了唐太宗自贞观以来的前后变化;他希望唐太宗居安思危,善始慎终,振作精神,励精图治,继续发展贞观之治。

奏疏撼动了唐太宗,他后来对魏征说:"朕今闻过矣,愿改之,以终善道。"他还把魏征这篇奏疏写在屏风上,以便朝夕披读,激励自己,他把奏疏交给史官,让他们载入史册,还赏赐给魏征黄金十斤,马二匹。魏征的净谏,抓住问题的要害,以史为鉴,有理有据。语言虽尖锐激切,但他刚直诚恳的态度,据理力争,不留情面而有理有据,使唐太宗虽始听而大发雷霆,最终也被其所折服。

诤谏的结果。有时候唐太宗愉快地接受了魏征的意见,但有时因为意见提得尖锐激烈,冒犯了皇帝的尊严,也可能招致可悲的后果。有一次唐太宗回到宫里,恶狠狠地对长孙皇后说:"迟早我要杀掉这个老家伙!"皇后问要杀谁?唐太宗说:"就是魏征。他总是当众说我的不是,弄得我下不了台,有损皇帝的威信。"皇后听后,马上回去穿上朝服,向唐太宗道贺。唐太宗问:"贺什么呢?"皇后说:"君明则臣直。魏征那么直率,敢于犯上直谏,就是由于你的圣明呀! 所以我要向你祝贺。"这说明唐初所以能形成谏诤的气氛,并不仅仅是唐太宗能纳谏,魏征敢谏诤造成的,而是在唐朝的整个统治集团中,形成了一种谏诤的风气,所以才能使魏征这样的敢于直谏的大臣,不但能发挥谏诤的作用,而且没有落得个可悲的下场。

　　魏征不仅是一位杰出的政治家,更是一位杰出的史学家。他对历史有着深刻的了解,并善于将历史经验和现实问题结合起来,以史为鉴,以此论治道,他根据唐太宗的诏令修撰《周史》、《齐史》、《梁史》、《陈史》、《隋史》五朝历史。五部史书总监虽是房玄龄,但房政务繁忙,魏征是实际的总监。魏征还亲自动手,撰写了《隋史》的序和论,还为《梁书》、《陈书》、《北齐书》写了总论,他治史谨严,有"良史"之称。

　　贞观十年(636),五朝史书修撰完毕,唐太宗为嘉奖魏征,加封魏征为光禄大夫,进封郑国公。贞观十六年(642)七月,魏征病重,唐太宗下手诏慰问。魏征居室简陋,生活俭朴。唐太宗还特别下令为他建了一个正厅,还赐给屏风等物。同年九月,唐太宗说:"方今群臣,忠直无遗魏征,我遣傅太子。"于是,罢去魏征的宰相职务,拜为太子太师。贞观十七年(643)正月,魏征病危,唐太宗带领太子前往探望。魏征去世后,唐太宗亲临魏家哀悼,悲痛异常。他停朝五天,令百官参加葬礼。送葬时还登上苑西楼,遥望魏征灵柩,还亲自为魏征写了碑文。唐太宗对魏征的去世,十分悲痛。曾感叹地说:"人以铜为镜,可以正衣冠;以古为镜,可以知兴替;以人为镜,可以知得失。魏征没,朕亡一镜矣!"

不畏权势　举贤任能

——狄仁杰传

狄仁杰(607-700),字怀英,并州太原(今属山西)人。以明经举,曾任并州都督府法曹、大理丞、宁州刺史、江南巡抚史、豫州刺史等职。武则天初年,以洛州司马代理地官侍郎同凤阁鸾台平章事。被诬构入狱,贬彭泽令。后又任魏州刺史、幽州都督。武则天神功元年(697)任鸾台侍郎,恢复同凤阁鸾台平章事、河北道安抚大使。回朝后改任纳言,兼右肃政御史大夫等职。狄仁杰为官清廉正直,关心百姓疾苦,善于安抚边境少数民族,断案公正,受到百姓敬仰。武则天也很器重他。为相期间,主张为政宽厚,有知人之明,并能尽人所长,所荐举的人才,不少后来成为唐朝中兴名臣。武则天圣历三年(700)卒于相位,赠文昌右相,谥文惠。后追封梁国公,新、旧《唐书》有传。

一、"真大丈夫"

狄仁杰,并州太原(今山西省太原市)人。祖父狄孝绪,曾官尚书左丞,父亲狄知逊曾官夔州长史。少年时代的狄仁杰刻苦攻读,专心致学。有一次,门人被害,县吏下来调查案情,周围的人都争说与己无关,独狄仁杰仍伏案读书,不予理睬。县吏很气愤,责问狄仁杰。狄仁杰回答说:"我正在和书中的贤圣对话,哪有闲工夫和俗吏说话啊!"县吏无言以对。后来,狄仁杰以明经中举,进入仕途。明经是唐代科举制度的重要科目之一,狄仁杰最初任汴州参军,不久为人所诬告,此时工部尚书阎立本为河南道黜陟使,他召狄仁杰查问,发现狄仁杰有奇特的才能,于是举荐他当并州法曹。在并州都督府,狄仁杰以孝而著称,很受时人尊重,称"狄公之贤,北斗以南,一人而已"。

高宗仪凤元年(676),狄仁杰上调升任掌握刑狱的大理丞。狄仁杰处理刑狱,公正果断,效率极高。在短短的一年时间里,处理了一万七千人的案子，公平合法，没有一人上诉申冤。时人都称他断案公正宽大。

仪凤元年（676），左威卫大将军权善才、右监门中郎将范怀义，误砍了大宗昭陵上的柏树，狄仁杰判两人免官，上奏高宗，高宗非要定两人死罪不可。狄仁杰认为，罪不当死。高宗发怒说："这是使我为不孝之子，必须杀了他们才是。"狄仁杰对高宗晓之以理："皇上，自古以来顶撞皇帝的人都没有好下场，我并不以为然。夏桀时代也许如此，而在尧舜时期就不是这样。我庆幸生活在尧舜一样的时代，不怕皇上听不进我的劝谏。汉代的时候，有一个盗贼盗取了高祖庙堂里的玉环，汉文帝大怒，要把盗贼一家全族诛灭。盗贼交与廷尉张释之处置。张释之按法判处弃市（杀头）罪，上奏文帝，文帝大怒，斥责张释之说：'人无道以至于此，竟敢盗取先帝明器！我交付廷尉，欲判他灭族之罪，而你却拘守成法，有违我尊宗庙的原意。'张释之免冠叩头说：'法令该如此判处，今以盗宗庙而灭族，万一有一个愚民挖取了长陵上的一抔土，皇上将以何法惩治呢？'文帝终于认识到廷尉的判处是恰当的。今天依照大唐法律，权、范两人并没有犯死罪，陛下却下旨将二人处死，法令如此反复无常，以后还怎么治理国家呢？为昭陵上的一棵柏树而处死二位大臣，后世之人将如何看待陛下呢？"唐高宗觉得狄仁杰说得有理，怒意稍为缓解，遂免了权善才、范怀义的死罪，流放岭南。据理力争，免除权、范二人死罪之事使唐高宗认识到，狄仁杰是个有胆有识的人，不久便携升他为侍御史，举劾非法，督察郡县。在侍御史任上，他不顾个人安危，不畏显贵权势，敢于勇敢地向那些恃宠用事、违法乱纪的官员展开斗争。

调露元年（679），司农卿韦弘执在洛阳为高宗建造宿羽、高山、上阳等几座豪华的宫殿。特别是上阳宫濒临洛水，一里长的画廊，画梁雕栋，流光溢彩，颇具皇家豪华气派。宫殿建成后，高宗移居东都洛阳。

狄仁杰上疏劾奏韦弘执，说他建造华丽宫殿，是在引诱皇帝追求奢侈。高宗猛然醒悟，免了韦弘执的官职。左司郎中王本立，倚仗皇帝的恩宠，在朝廷目无王法，肆无忌惮，朝中大臣没有一个人敢顶撞他。狄仁杰利用手中的监察权力,向高宗上奏弹劾王本立的罪行。但高宗却下旨赦免了他。狄仁杰再次上奏,他对高宗说:"国家假如缺乏英才,但像王本立这样的人也不少,陛下为什么要宽大他而违反国家的法律呢?臣愿先受斥逐,为群臣之戒。"高宗见狄仁杰说得有理,只得依了狄仁杰,定了王本立的罪,满朝文武十分佩服狄仁杰的胆量和勇气,对他肃然起敬。

一次,高宗巡幸汾阳宫,狄仁杰也随行,车驾经过并州,并州长史李冲玄迷信旧俗,认为华服装过妒女祠,会招致风雷之灾,他驱数万民夫改修驰道,以便皇帝通行。狄仁杰闻知,非常气愤,他说:"天子之行十乘万骑,风伯清上,雨师洒道,何用回避妒女啊!"立即制止了这一愚蠢举动,命数万民工返归,唐高宗称赞狄仁杰办事果断,说他:"真是大丈夫也!"弘道元年(683),高宗病逝,其子李显即位,是为中宗,武则天以太后身份临朝执政。第二年,武则天把中宗废为卢陵王,立幼子李旦为帝,是为睿宗,武则天继续临朝执政。

二、狄公施德政

武则天垂拱二年(686),狄仁杰调任宁州刺史,宁州在甘肃境内,是汉民族和少数民族的杂居地区,民族矛盾错综复杂。狄仁杰到任后,体察民情,施政有方,因而使各民族和睦相处,深得民心。老百姓感其德,立碑记其政绩。

不久,右台监察使郭翰巡视陇右各地,一路所到之处,弹劾了不少贪官污吏。然而一到宁州,则面目一新,百姓安居乐业,人们纷纷称赞狄仁杰的德政,郭翰回到朝廷后,遂向朝廷推荐狄仁杰,请求重用。不久,狄仁杰被提升为掌握工程建设的冬官侍郎,充任江南巡抚。吴楚一带修建很多祠庙,祭祀已很滥,狄仁杰对这种做法非常厌恶,他不惮非议,一举关闭和拆毁了一千七百多所庙宇,只保留夏禹、吴太伯、季札、伍员四祠。在焚毁项羽祠时,他还写了一篇《檄告西楚霸王文》,文章大意是:崇高的名声不可假借谬误来取得,天下的帝王不能以力去争夺;顺应天命者才享有百姓拥戴的美名,背违时代者就不是明察物变的君主。垂拱四年(688),狄仁杰转任文昌右丞,出为豫州刺史。

武则天当政之初,依靠李义府、许敬宗等贬杀了长孙无忌、褚遂良等元老重臣,杀了许多唐宗室皇戚,并且幽禁自己的亲生儿子,重用武氏家族武承嗣、武三思等人,这引起了李唐宗室的强烈不满。嗣圣元年(684),柳州司马徐敬业在扬州起兵反对武则天,意图匡复唐室。他以拥立庐陵王为号召,人数曾发展到十余万,最后被武则天镇压下去。垂拱四年,琅玡王李冲在博州、越王李贞在豫州起兵反对武则天,但因力量悬殊很快就招致失败。

为了尽快恢复豫州的局面,武则天派狄仁杰出任豫州刺史。当时武则天为惩治李贞余党,定罪六七百家,籍没五千口。狄仁杰为此密奏武则天,认为这些人仅仅是受牵累,并非存心要作乱。狄仁杰说服了武则天,宽赦了这些人,把他们流放到丰州,这些人深感狄仁杰的活命之恩,在路过宁州时跪拜在狄公的德政碑前"设斋三日而后行",到了丰州又亲手为狄仁杰立下德政碑。当时,平定越王李贞的是宰相张光辅。张光辅的军队在豫州到处勒索钱财,滥杀无辜。狄仁杰非常恼怒,他亲自出面制止官军的不法行为。为此,张光辅怀恨在心,回到朝廷后上奏武则天说狄仁杰傲慢不逊,狄仁杰被调往夏州做刺史,后来又降为洛州司马。

武则天实行"武周革命"改唐为周,她抛开傀儡皇帝李旦,自己登上了皇位。武则天是中国历史上第一个女皇帝,但也是一位唯才是举、任用贤能的女政治家,天授二年(691),她重新起用狄仁杰,任命他为地官(户部)侍郎、同凤阁(中书省)鸾台(门下省)平章事,开始了他短暂的第一次宰相生涯。

一天,武则天问狄仁杰,你在豫州实行善政,但也有人说你坏话,你是否想知道?狄仁杰回答说:"陛下,臣不愿知道,陛下以臣为过,臣愿改正;如臣无过,臣之幸也。"武则天大为赞赏,叹曰:"狄仁杰真有长者风范啊!"狄仁杰当宰相后,常在武则天左右,他看到武则天经常要处理一些小事，就连大臣告假回乡也由武则天亲自处理，长期这样必然影响她处理国家大政的精力。狄仁杰上疏说，君王应该牢牢掌握赦免和诛杀大权，其他的一些事应该由有司处理，自己不必过问，狄仁杰劝谏武则天独揽大权，强化皇帝的专制统治。武则天对狄仁杰的建议很满意。

长寿元年(692)正月，酷吏来俊臣诬告狄仁杰谋反。武则天不察详情，就把做了四个月宰相的狄仁杰罢相下狱。任用酷吏，以巩固政权，是武则天的统治手段。这些酷吏专门制造所谓谋反大案。他们制造许多刑具，对被告严刑逼供。这次，来俊臣为了诱使狄仁杰承认谋反，要他承认愿为武后的臣下就可免去他死罪。狄仁杰为了免于冤死，等待时机，他招认了谋反罪。他说："大周革了唐室的命，万物重生，我们是唐朝的旧臣，谋反确是实情。"其他几个被指控谋反的大臣，除魏元忠外，都和狄仁杰一样，全都服了罪。来俊臣见服了罪，没有用酷刑，只将被告收监。一天，判官王德寿受来俊臣指使，诱逼狄仁杰招供宰相杨执柔是同党，狄仁杰十分气愤，说："皇天后土，叫狄仁杰去干这种事情么！"说罢以头触柱，血流满地。王德寿害怕至极，不敢再说了。狄仁杰承认谋反，来俊臣等也就放松了对他的看管，狄仁杰趁此机会，从狱吏那里借来笔砚，偷偷撕碎被子，写了一幅冤状，缝在棉衣里，请狱吏把棉衣送到家里。狄仁杰的儿子狄光远收到棉衣，拆开棉絮见到父亲所写的冤状，急忙向武则天告发。

武则天召来俊臣询问，来俊臣对武则天说，狄仁杰下狱，并未动过刑，他住的地方也很舒服，如果没有事实，他哪肯承认谋反。武则天犹疑未定，派通事舍人周宝林到狄仁杰处察看。来俊臣要狄仁杰穿好朝服，会见通事舍人周宝林，又假造了一份请求赐死的《谢罪表》，让周宝林上交武则天。周宝林核查，完全受到来俊臣的利用。就在这关键时刻，凤阁侍郎乐思晦的儿子被武则天召见，他控告来俊臣谋害了他的父亲。他说，国家的王法为来俊臣所欺弄，任何一个亲信大臣，来俊臣都可以逼他承认谋反。听了这个九岁小孩的话，武则天有所醒悟，他召来狄仁杰，亲自问他为什么承认造反。狄仁杰回答说，不承认早就死于酷刑之下了，哪里还有机会向陛下辩白？武则天又问，为什么写《谢罪表》，狄仁杰告说，并无此事，武则天这才真相大白，释放了狄仁杰等七名同案人。虽然如此，武则天还是没有让他们官复原职。狄仁杰贬为彭泽县令，同案的有的还流放到了岭南。狄仁杰当县令的彭泽县，是个穷地方。他一到任，亲眼看到老百姓穷苦不堪，就向武则天上疏，陈述百姓困苦，也免租税。他在疏中说："常年纵得全熟，纳官之外，半载无粮，今总不收，将何活路？"

三、柳暗花明　再度为相

万岁通天元年（696），北方契丹孙万荣率军攻陷冀州，杀死刺史陆宝积，屠杀官兵数千人。契丹兵进而又攻打瀛洲，整个河北为之震动，人心恐慌。武则天下诏提升彭泽县令狄仁杰为魏州（今河北魏县，大名县等地）刺史，前去平息战乱。狄仁杰上任后知道，前任刺史独孤思原因害怕契丹突然来袭，把老百姓全部迁入城里，修补城墙，巩固城防。与此做法相反，狄仁杰主任后打开城门，让老百姓出城耕作，他宣称，敌人离这里还很远，不必这样惊慌。如果敌军到来，我自有退敌制胜之策，无须烦扰百姓。

契丹听狄仁杰到了魏州，慑于其威名，未敢冒犯，不战自退。魏州官民对狄仁杰的气势和胆略十分敬服，他们感谢狄仁杰的德政，为他立了碑。不久，狄仁杰改任幽州都督。武则天赐紫袍、龟带，并自制金字十二于袍，以表彰狄仁杰的忠心。神功元年（697 年），狄仁杰晋升为驾台侍郎，同凤阁鸾台平章事，第二次做了宰相。复相后，狄仁杰面临的第一个大问题是派兵镇守疏勒四镇。

当时王孝杰率军大破吐蕃军，夺回了西域的龟兹、疏勒、于阗、碎叶四郡，并在龟兹设安西都护府，派军驻防。这四镇是唐朝的西疆要塞。

然而,狄仁杰认为,派兵驻扎四镇不是上策。因而他上疏朝廷,陈述用兵荒外,争不毛之地是"得其人不足以增赋,获其土不可以耕织",可谓无益可得,无利可图,倘若一味用兵,必然耗费国家大量资财,"非但不爱民众,亦所以失无下之心也"。

狄仁杰建议,应模仿贞观年间唐太宗册封阿史思摩为可汗的做法,由他镇守四镇的旧例,封阴山贵族阿史那双瑟为可汗,委坐四镇。这样既省了大笔开支,又能达到安边的目的。武则天并没有采纳狄仁杰的意见。圣历元年(698)八月,狄仁杰再次得到提升,拜为纳言,兼右肃政御史大夫。同年,北方东突厥进犯河北,攻掠定州(今河北省定州市)、赵州(河北赵县),杀死官兵无数。

武则天命太子为河北道元帅,狄仁杰为河北道行军副元帅,征讨东突厥,武则天亲自送军队出征。狄仁杰率十万大军猛追,东突厥迅速逃回漠北,曾经饱受突厥驱使的百姓恐惧至极,生怕受官兵杀害,纷纷逃匿。武则天任命狄仁杰为河北道安抚使,妥善处理这一问题。

狄仁杰上疏武则天,请求把这些百姓一律赦冤,不加追究。他在上疏中说,这些负罪百姓"露宿草行,潜窜山泽,救之则出,不赦则狂"。他提醒武则天:"边远有事,还不足虑;如内地不安,就是大事了。"这是狄仁杰处理国家大事的出发点,努力淡化和消解矛盾,防止矛盾激化,力求国内的稳定。

武则天采纳了狄仁杰的建议,对被突厥驱使的百姓一律不问罪,许多逃匿的百姓纷纷回家。狄仁杰大量发放粮食,救济穷困百姓,百姓很快安定下来。狄仁杰还下令,严禁官兵侵扰百姓;若有违犯,定斩不赦。在狄仁杰安民做法的感召下,河北很快安定下来。狄仁杰回朝后,被授予内史。

武则天改唐为周,当上女皇帝后,萦绕在她心头的问题是:由谁来继承她的大业。唐睿宗虽是她的亲生儿子,又赐了武姓,但他毕竟是李唐王朝的后代。如果将她的侄子武承嗣或武三思册立为太子,但两人不具备品德和才能，不可能成为贤明君主。武承嗣在武则天改唐为周后，也蠢蠢欲动，想当太子，武则天对此也犹豫不决。

狄仁杰趁此机会，想说动武则天。他说："太宗皇帝不避风霜，甘冒枪林箭雨，九死一生，方平定了天下，创立大唐基业，传给后世子孙。先帝驾崩时，把两位皇子托付给陛下。陛下现在打算把天下移交给别人，这恐怕有违天意吧！况且，姑妈与侄儿。亲娘与儿子到底谁亲？立儿子为太子，皇位由儿子继承，陛下百年之后牌位送到皇家祖庙，陪伴先帝，代代相传；皇位如由侄儿继承，我从来没听说过侄儿当皇帝把姑妈牌位送到皇家祖庙去的！"狄仁杰的话说到了武则天的心坎上，她无言以对，只好说："这是我的家务事，你不要管。"但狄仁杰还是说下去："王者以四海为家，四海之内，孰非臣妾，何者不为陛下家事！君为元首，臣为股肱，义同一体，况臣备位宰相，岂得不预知乎？"他还进一步启发武则天，"依臣看，天意和百姓都没有厌弃唐朝。匈奴犯边，梁王武三思公开募勇士，一个多月还没有招足一千；后来庐陵王出面招募，不到十天功夫，就有五万人报名。由此可见，现在要立，非庐陵王不可！"后来，驾台侍郎王方庆、内史王及善等也提出立庐陵王为太子的建议，武则天才有些心动。狄仁杰又说服张易之、张昌宗兄弟，劝武则天立庐陵王为太子，至此，武则天才下定了决心。

狄仁杰为相，先后荐举桓彦范、敬晖、窦怀贞、姚崇等数十人，有的后来当了宰相，如姚崇能够独当重任，明于交道，是玄宗时有名的宰相。有一次，武则天要狄仁杰推荐人才。狄仁杰说："文学蕴藉，则苏味道、李峤固可选矣；必欲取卓荦其才，则有荆州长史张柬之，其人真宰相才也。"于是武则天提升张柬之为洛州司马。

不过几日，武则天又问狄仁杰谁能当宰相，狄仁杰说，先前推荐的张柬之还没有用。武则天说，已经用了。狄仁杰说，我推荐张柬之可做宰相，不是推荐他做司马。于是，武则天任命张柬之为秋官侍郎，不久又任命为宰相。知人善任，用其所长，是狄仁杰的用人特点。契丹部落将领李楷固、骆务整归降唐朝后，有些大臣上表要求对他们处以极刑，诛灭九族。狄仁杰则上疏请求赦免李楷固、骆务整，武则天采纳了他的建议，不但赦免了他们，还任命李楷固为左玉铃王将军、骆务整为右武威卫将军，派他们率军攻打契丹残余部落。

不久，他们就得胜回朝，武则天非常高兴。她在庆祝平定契丹的庆功会上当着文武百官的面，祝贺狄仁杰说："这都是你知人之明！"狄仁杰举人，以德才为重，真正做到内举不避亲，外举不避仇。有一年，武则天要每位宰相各推举尚书郎一名，狄仁杰推荐其子狄光嗣，后拜为地官员外郎，很是称职。武则天称赞他有春秋祁奚举亲的遗风。由狄仁杰举贤任能，当时人皆称赞，说他："天下桃李，悉在公门矣。"狄仁杰则说："荐贤为国，非为私也。"

刚直廉明　中兴名相

——宋璟传

宋璟(663—737),邢州南和(今河北南河)人。进士出身,曾任凤阁舍人、左御史台中丞,为武则天所赏识。后又历任吏部侍郎、楚、兖、冀、魏、睦等州刺史。睿宗李旦景云元年(710)由洛州长史检校吏部尚书同中书门下三品,兼右庶子,加银青光禄大夫。玄宗李隆基开元初年,累迁京兆尹、刑部尚书。开元四年(716)任吏部尚书兼黄门监,不久改任侍中,累封广平郡公,为玄宗所倚重。开元八年(716)免相,封爵开府仪同三司。为相刚直廉明,强调任用官吏必须称职,反对权威干政,敢于改革前朝弊政,主张以法治理天下,并体恤民力,关心民间疾苦。与姚崇并称为唐代中兴名相,后以年老辞官。开元二十五年(737)卒,享年七十五。赠太尉,谥文贞。新旧《唐书》有传。

一、勇斗张氏兄弟

宋璟生于唐高宗龙朔三年(663年)。其父玄抚,曾官卫州司户参军。宋璟自少刻苦好学,博学多识,工于文辞。为人耿介超俗,有大节。二十岁左右中进士,授上党尉,后又升任监察御史、凤阁舍人,为官正直,颇受武则天的赏识。张易之、张昌宗专横跋扈;宋璟不畏权势,不顾安危,与二张反复进行斗争。

武则天长安三年(703),张易之诬陷宰相魏元忠,并贿赂凤阁舍人张说作伪证,要张说到武则天面前作证,说魏元忠说过反叛的话。同为凤阁舍人的宋璟对张说:“一个人一生最重要的是名义气节,不可只图个人苟生,陷诬好人。即便因此被摘官流放,他的功德也会受到人们的尊敬。倘有不测之祸,我准备叩请天子赦免,要死与你一起去死。努力为之,万代瞻仰,在此举也。”张说听了很受感动,廷辩时如实上奏,使魏元忠免受陷害。不久,宋璟调任御中丞。

这时武则天年事已高，张易之、张昌宗兄弟更加横行专断。朝中大臣都惧怕二张，不敢直呼其职，而称张易之为五郎，张昌宗为六郎。宋璟对二张毫不畏惧，二张反而有些怕他。一次，武则天大宴群臣，二张位居列卿三品，在上座。宋璟官阶六品，在下座。张易之讨好宋璟，虚位作揖说："公是朝中第一人，怎么倒坐在下座？"宋璟说："我才劣位卑，卿说我为第一，这是为什么？"侍郎郑善果平时对二张毕恭毕敬，问宋璟："公怎么叫五郎为卿？"宋璟说："以官衔而论，正当为卿，你又不是他家的奴仆家奴，哪里有叫他为郎的呢？"宋璟的话使郑善果面红耳赤，也使二张狼狈不堪。从此，张易之兄弟对宋璟更是怀恨在心，处处因事中伤宋璟，但因为武则天知其情，宋璟得以免罪。长安四年(704)，二张因武则天病情日益加重，非常担忧，暗中密谋对策。此时有人发觉二张有异常举动，告发二张谋反，但武则天不予理睬，更不追问。其时，许州杨元嗣告发张昌宗召术士李弘泰看相，李弘泰说他有天子相，还劝他在定州建造佛寺，使天下归心。

因为涉及谋反大事，这次武则天派凤阁侍郎韦承庆、司刑卿崔神庆和御史中丞查明上报。韦、崔二人惧怕二张的权势，又想讨好武则天，竭力为张昌宗开脱，说张昌宗已将李弘泰的话告诉皇上，不可加罪。宋璟质问说："谋反这样大事，不是自首可以宽宥不问的，臣请交有司审理以明国法。"他还对武则天说："易之等大蒙驱使，分外承恩，臣必知言出祸从，但激于大义，虽死不悔。"武则天听后很不高兴，宰相恐怕宋璟得祸，急忙拉了宋璟出去。宋璟说："圣主在此，不烦宰相增宣敕命！"宋璟始终不放过二张，对武则天说："倘不收狱，恐要为乱天下，动摇民心。"武则天没办法，只好收张易之、张昌宗入狱。过了不久，又将他们特赦放出，为了缓和矛盾，令张氏兄弟到宋璟家谢罪，宋璟拒不会见，说："公事可以公办，若私下会见，法是不讲私情的。"他对二张恨得咬牙切齿，对左右的人说："我后悔不先敲破这两个小子的脑袋而让他们为乱朝政。"宋璟对二张的斗争，关系到国家的安危，因而得到朝臣的支持。左拾遗李邕上奏武则天,说宋璟所奏,非谋自身私利,而在安定国家。然而,武则天就是不听。

为了避免矛盾,武则天派宋璟到扬州当按察使,宋璟说:"审理州县案件,是监察御史的职责。"后又诏令宋璟按察幽州都督审突仲翔,宋璟又说,"御史中丞非大事不得轻易出京。仲翔犯的是贪赃罪,如今要臣前去,必有害臣之心。"随后,又下诏为李峤副使,出使陇、蜀,宋璟又辞掉这个差使,说:"陇右没有变故,臣以御史中丞为李峤之副,朝廷还无先例。"宋璟为治二张的罪,三次违诏,不肯奉诏前行。本来,张易之兄弟想借宋璟出京的机会,向武则天劾奏,予以诛杀。此计不成,他们又生一计,在宋家举办婚事时,刺杀宋璟。宋璟知道了阴谋,就躲到别处歇宿,刺杀的计划无法实现。宋璟对二张的斗争,虽然没有取得结果,但却使二张处于极为尴尬的境地,朝臣对二张的所作所为,极为痛恨。神龙元年(705)正月,武则天病情加重,二张守在武则无身边处理国事,大臣无法近前。宰相张柬之经过紧张密谋,联合禁军将领,杀死了张易之、张宗昌兄弟,迫使武则天让位于太子李显。中宗李显复位后,宋璟任支部尚书兼谏议大夫、内供奉,随时讨论朝政得失。不久,又改任黄门侍郎。

二、抗拒中宗旨意

中宗是个懦弱昏庸的皇帝。大权掌握在皇后韦氏和武则天的侄儿武三思手中。宋璟和武三思之间,又开展了尖锐的斗争。神龙二年(706)京兆人韦月将上书中宗,告发武三思"秽乱宫掖",武三思闻知后,暗使手下人将他以大逆不道治罪,中宗听信谗言,下旨处斩韦月将。

宋璟以为案情不实,请求下狱关押审理。中宗大怒,他说:"朕已决定斩首,你还有什么可说的?"宋璟说:"人家告韦后与三思有私情,陛下不加过问就问斩,臣恐有人会私下议论,请查实后用刑,"中宗愈加发怒,宋璟面无惧色,说:"请陛下先将臣斩首,不然不能奉诏。"中宗无奈,才免韦月将极刑,发配岭南,后来还是将他处死。不久,中宗下诏宋璟为检校并州长史,没有成行;又任为检校贝州刺史,宋璟被挤出了朝廷。贝州在河北省南部,宋璟到达时,河北暴雨成灾,百姓饥馁,武三思的封地在贝州,三思不顾百姓死活,派人向封户强征租税。出于对百姓的爱护,宋璟抗拒交纳租税,武三思利用手中的权力,将宋璟从贝州调到杭州、扬州做刺史,后又迁任洛州长史。当时,韦后、武三思相互勾结,狼狈为奸。太子李重俊不是韦后所生、因而引起他们的忌恨,欲废太子,立韦后女儿安乐公主为皇太女,李重俊忍无可忍,于景隆元年与左羽林大将军李多柞共谋,矫发羽林军,发动宫廷政变,杀死武三思及其同党。但昏庸的中宗,不察大局,听信韦后和安乐公主的谗言,挫败了李重俊的政变,李重俊兵败被杀。

从此,韦后和安乐公主更加有恃无恐,中宗成为傀儡。韦后一心想效法武则天做女皇。于景龙四年(710),将中宗毒死。但螳螂捕蝉,黄雀在后,韦后眼看就要实现女皇之梦了,不料李隆基联合姑母太平公主发动政变,杀死了韦后和安乐公主。相王李旦复位,任命宋璟为检校吏部尚书、同中书门下平章事,宋璟又成为宰相。他和姚崇同朝为臣,二人同心协力,辅佐睿宗,锐意改革中宗以来的弊政。中宗时期,外戚和诸公主干预朝政,政治腐败,贪污成风;卖官鬻爵,乌烟瘴气。只要出钱三十万,不论何人都给官做。他们不经中书、门下批准,直接由皇帝降墨敕授予。当时人称为"斜封官"。这些斜封官大都是富豪商贾,他们不会理政,但搜刮百姓却是心狠手辣。姚崇和宋璟上疏睿宗,请求罢免斜封官,进忠良,退不肖,当时共罢免斜封官数千人,整个朝野为之一振。宋璟还从整顿吏治制度着手,恢复三铨制度,在候选的上万人中,选了二千人,宋璟选拔、考核官员,不畏权贵,不徇私情,赏罚公平,为当时人所称誉。

三、犯颜太平公主

睿宗也是个低能的皇帝,他的妹妹太平公主,由于为睿宗复位出了力,权势日重,她广交朋党,积极扩大势力,严重威胁了太子李隆基。景云二年(711),她邀集宰相于光范门内,要求更换太子李隆基,在场的人无不惊慌失色,但宋璟却镇定自若,他高声说:"东宫太子大有功于天下,真宗庙社稷之王,公主乃何忽有此?"为确保太子地位,宋璟和姚崇密报睿宗,提出三条对策:一是把宋王李成器、幽王李守礼出为刺史;二是让歧王李隆范、薛王李隆业的统领羽林军的大权交出来,由太子直接掌握;三是把太平公主及其丈夫迁往东都。睿宗采纳了这三条意见,还命太子监国,凡六品以下官员及徒罪,均由太子处置。这些措施对巩固太子的地位和势力,无疑是起作用的。

太平公主不甘心失败,她加紧反扑。在她的鼓动下,掀起了一股反对罢"斜封官"的浪潮,还把矛头直接指向太子李隆基。李隆基受到极大压力,为了保存自己,他违心上奏睿宗,说姚、宋离间他和姑姑、兄弟之间等皇族关系。于是睿宗就罢去姚、宋宰相职务,贬宋璟为楚州刺史。

此后,调动极其频繁,先后任甲州则义,魏州、兖州、冀州刺史,河北按察使,幽州都督兼御史大夫,最后转任广州都督。在广东,他教老百姓烧砖瓦建瓦房,把茅草屋改成了砖瓦房。当地老百姓歌颂他的功德,在他离开广州时立"遗爱碑",纪其爱民之情。712年,睿宗传位给太子李隆基,李隆基就是唐玄宗。

李隆基虽当了皇帝,但太平公主的势力仍然很大,仍然对他构成威胁,尤其是朝中大臣,多数依附于她。开元元年(713),有人密告玄宗,公主将欲作乱,玄宗召集歧王李隆范、薛王李隆业和宰相郭元振等人商议,决定先发制人,调兵三百余人,一举杀死太平公主党羽,太平公主逃脱,后被赐死家中。至此,宫廷内的政变才告一段落。唐玄宗是个励精图治的帝王,他决心革除弊政,使家重新立起来。开元之初,他任用姚崇为宰相,整顿吏治,开创了开元之治的繁荣局面;姚崇免去宰相后他又采纳姚的建议,任命宋璟做宰相。

四、辅佐贤主玄宗

开元四年(171)十一月,玄宗任用宋璟为吏部尚书兼黄门监,派宦官杨思勖前往广州迎接。宋璟态度凝远,沉默寡言,一路上竟未与杨思勖搭过一次话。杨思勖对此颇为不满,回来告诉玄宗,殊不料玄宗对宋璟的为人更加肃然起敬。宋璟为相,志在择人,因才授人,使百司各任其职。他看到括州员外司马李邕、仪州司马郑勉,才略文采俱佳,但思想和性格上有不少毛病,宋璟感到"若全引进,则咎悔必至,若长弃捐,则才用可惜"。于是,根据个人的才气、能力,分别拜任渝州刺史和硖州刺史。

大理卿元行冲,在人们的心目中才行兼备,但上任之后,却发现满不是那么回事,于是调其为上散骑常侍。他选拔官吏,出自公心,对人对己无一例外,对自己的亲属也不例外。他有个堂叔叫宋元超,在吏部选拔官吏时,特别说明自己是宰相宋璟的叔父,想借此得到重用。宋璟知道后,马上给吏部去一函,说宋元超表明了他和自己的关系,就不应再予任用。宋璟用人,不论皇亲国戚,一视同仁。岐山县令王仁深,是玄宗称帝前的藩邱故吏,唐玄宗特降敕令授五品官,宋璟上疏以为不可,他说:"故旧思私,则有大例,除官贵历,非无公道。仁深向缘旧思,已获优改,今若再蒙超奖,遂于诸人不类。"他请求由吏部轮选考核,按制度办事。玄宗只得听从宋璟的意见,收回成命。玄宗的宠臣大常卿姜皎,也是玄宗为藩王时的故交,在诛杀太平公主时又立过大功,玄宗对他宠遇有加。姜皎的弟弟姜晦,也沾哥哥的光,当上了吏部侍郎。宋璟为此事对玄宗说:"皎兄弟权宠太盛,非所以安之。"玄宗采纳了他的意见,把姜皎改任散官,放回田园,姜晦也改任为宗正卿。为了避免朝廷大臣的独断专行,避免君王的听信谗言,他提出恢复贞观年间的对仗奏事制度的建议。贞观年间,皇帝临朝,设仪仗、中书、门下及三品官奏事,或御史弹劾百官,都对着仪仗。高宗以后,这一制度逐渐被疏废,大臣奏事多待仪仗下殿;谏官、史官退朝之后,成为密奏,所奏之事,他人不得而知,产生了许多弊病。

宋璟提议恢复对仗奏议,有利于公开和监督。唐玄宗批准了恢复这一制度:"自今事非的须秘密者,皆令对仗奏闻,史官自依做事。"作为宰相,宋璟敢于犯颜直谏,唐玄宗很敬畏他,常常趋从于他。开元五年,宋璟随同玄宗巡幸东都,路过崤谷(今河南陕县),山高路窄,难以行走。玄宗十分恼怒,要罢免河南尹李朝隐和负责旅途事务的知顿使王治等人的官职。宋璟进谏说:"陛下正当壮年,如今才开始出巡,以道路没有修好而处分二臣,这样整治,以后恐会产生弊端。"玄宗认为很有道理,就免去二人之罪。当时社会风气趋向奢华,讲求厚葬。宋璟为官,力戒此弊。王皇后的父亲王仁皎死于开元七年(719),哥哥王守一是当朝的驸马都尉,王守一请求玄宗为其父建造高三丈一尺的坟茔,唐玄宗答应了。许多大臣虽有异议,却不敢上奏。只有宋璟无所畏惧,他和同朝宰相上疏玄宗,指出厚葬和薄葬是奢与俭的大事。俭约是美德,奢侈是大害。僭越礼法予以厚葬,前贤引以为戒,所以古人只挖墓穴埋葬而不再修坟。

玄宗完全接受了宋璟的劝谏,按宋璟的尺寸建造坟茔,还称赞宋璟说:"朕常想端正自身,以纲纪治理天下,对皇后有偏心啊!但别人感到为难,只有公等才能讲这样的话。"还特意赏给宋璟彩绢四百匹。开元八年(720)正月,宋璟和同朝宰相苏颋奏请禁恶钱。

恶钱是民间铸的私钱,铸造时掺进杂质,质量低劣。恶钱的流行,使贫者日贫,奸豪者岁增。他俩建议:"切断天下恶钱,行二铢四累钱,不堪行用者,并销破复铸。"但因为触犯了铸钱富豪的利益,引起他们不满,他们纷纷上奏反对。于是,唐玄宗罢了宋璟、苏颋的宰相职务。宋璟任开府仪同三司,不再握有实权。被罢相以后的宋璟,一如既往,仍直言敢谏,刚正不阿,处理事务十分果断。

罢相后的第二年,玄宗任命他兼任京兆留守,并要他接替河南尹王信处理权梁山的谋反案。宋璟接手后,经过了解和审讯,把几个头头定了罪,其余一概不问,迅速断了案。开元十二年(724),玄宗东巡泰山,宋璟留守京师。玄宗将出发,对宋璟说:"卿是国家元老,要有一段时间离别,有什么好主意告诉朕?"宋璟一一直言相告。玄宗亲写制法回答说:"卿所进言,当书写后置放左右,进进出出可随时现看反省、以为终身之诫。"后来,宋璟兼任吏部。开元十七年(729),玄宗拜任宋璟为右丞相,玄宗在尚书省宴请百官,席间赋《三杰诗》一首,并亲自书写,赐给宋璟、张说等三人。开元二十年(732)宋璟年已七十岁,年老体弱,请求辞职,退居洛阳东都私宅。开元二十五年(737)去世,享年七十五岁,赠太尉,溢文贞。

先天下忧　后天下乐

——范仲淹传

范仲淹（989－1052），字希文，汉族，苏州吴县人，世称"范文正公"，唐宰相范履冰之后。北宋著名的政治家、思想家、军事家和文学家。他为官清廉，体恤民情，刚直不阿，力主改革，屡遭奸佞诬谤，数度被贬。皇祐四年（1052）五月二十日病逝于徐州，终年64岁。是年十二月葬于河南洛阳东南万安山，谥文正，封楚国公、魏国公。有《范文正公集》传世，通行有《四部丛刊》影明本，附《年谱》及《言行拾遗事录》等。

大中祥符七年（1014），迷信道教的宋真宗率领百官到亳州（今安徽亳州市）去朝拜太清宫。浩浩荡荡的车马路过南京（今河南商丘，下同），整个城市轰动了，人们争先恐后地看皇帝，唯独有一个学生闭门不出，仍然埋头读书。有个要好的同学特地跑来叫他："快去看，这是个千载难逢的机会，千万不要错过！"但这个学生只随口说了句："将来再见也不晚"，便头也不抬地继续读他的书了。果然，第二年他就得中进士，见到了皇帝。这位学生就是日后的北宋伟大的改革思想家范仲淹。

一、自幼孤贫　勤学苦读

范仲淹，字希文，苏州人。他的曾祖父范梦龄，曾任吴越国中吴节度判官（苏州钱粮判官），祖父范赞时，曾任吴越国秘书监。父亲范墉，任职于吴越王幕府，后随吴越王钱俶一同投宋，端拱初年（988）赴徐州任武宁军节度掌书记（徐州军事长官的秘书）。端拱二年（989）八月二日，范仲淹生于徐州，次年（990）父亲不幸逝世，范家失去了生活来源，范仲淹之母谢氏贫而无依，只好带着尚在襁褓中的仲淹改嫁山东淄州长山县一户姓朱的人家。从此，范仲淹改姓名叫朱说，在朱家长大成人。

范仲淹从小读书就十分刻苦，朱家是长山的富户，但他为了励志，21岁去附近长白山上的醴泉寺读书，经常一个人伴灯苦读，每到东方欲晓僧人们都起床了,他才和衣而卧。那时,他的生活极其艰苦,每天只煮一锅稠粥,凉了以后划成四块,早晚各取两块,拌上一点儿韭菜末,再加点盐,就算是一顿饭。但他对这种清苦生活却毫不介意,而用全部精力在书中寻找着自己的乐趣。范仲淹看不惯朱家兄弟奢侈浪费、无所事事,便多次规劝。不料,朱家兄弟听得不耐烦,有一次便脱口说道:"我们花的是朱家的钱,关你什么事?"范仲淹听了一怔,觉得话中有话,便追问为什么,有人告诉他:你乃姑苏范氏之子,是你母亲带你嫁到朱家,听罢方知。这件事使范仲淹深受刺激和震动,下决心脱离朱家独立生活,于是他匆匆收拾了几样简单的衣物,佩上琴剑,不顾朱家和母亲的阻拦,流着眼泪,毅然独自前往南京(今河南商丘)求学。

范仲淹为什么要投南京呢?因为此地是人烟稠密的大都会,教育事业发达,这儿的应天府书院是宋代著名的四大书院之一,聚集了许多才智俱佳的师生。到这样的学院来读书,既有名师可以请教,又有许多同学互相切磋,还有大量的书籍可供阅览,况且学院免费就学,更是经济拮据的范仲淹求之不得。

范仲淹入学后,皇帝来了也不出去观看,昼夜不停地苦读,五年未解衣就枕。疲乏到了极点,就用凉水洗脸驱除倦意,他的食物很不充裕,甚至不得不靠喝粥度日,甚至喝粥都连不上顿,一天只能喝上一顿,对于一般人来说是难以忍受的生活,范仲淹却从不叫苦。这种情况被他的一个同学、南京留守(南京的最高长官)的儿子看到了,回家告诉了父亲,于是留守就叫人给范仲淹送来许多饭菜。可是,几天过去了,食物都放坏了,仍不见范仲淹尝一口。那同学问他为什么不吃?范仲淹说:"我不是不感激你的厚意,只是我已习惯于粗茶淡饭了,如果现在就享受这种丰盛的饭菜,以后还能吃得下粥吗?"功夫不负有心人,五年寒窗苦读,范仲淹终于成为一个精通儒家经典,博学多才,又擅长诗文的人。他通过科举考试,在1015年考中进士,被任命为广德军的司理参军(广德军位置在今安徽广德县一带,司理参军是掌管讼狱、审理案件的官员,从九品)。这时,他把母亲接来,赡养事奉。1017年,他调任集庆军节度推官(集庆军辖境位置在今安徽亳州一带,节度推官是幕职官,从八品),方恢复了原来的范姓,改名仲淹,字希文。

二、几起几落　百折不挠

范仲淹入仕后,最初十余年,一直担任地方上的小官员。他每到一地总是踏踏实实地做一些有利于国计民生的事,并且干得很有成绩。宋真宗天禧五年(1021),范仲淹到泰州(今江苏泰州)任西溪镇盐仓监官,掌管盐税。他看到泰州及楚州(今淮安)、通州(今南通)、海州(今连云港西南)各州,因唐时所建捍海堤年久失修早已颓坏,每年秋季海潮泛滥,往往阡陌洗荡、庐舍漂流、人畜丧亡,盐灶也多被冲毁,灾情十分严重。退潮以后,过去的良田都变成了不宜耕种的盐碱地,老百姓无以为生,只好携家外逃。这件事本来不属范仲淹的职权范围之内,但他积极向上反映,建议修复捍海堤。宋仁宗天圣二年(1024)朝廷任命范仲淹主持整个修堤。经过将近四年的努力,天圣六年(1028)春,长达150里的捍海堤终于修好,解除了这一带的潮水灾害,保护了农田和盐场。2600户外逃居民也纷纷返回家园恢复生产,原来葭苇苍茫的荒地又长满了绿油油的庄稼,当地人民为了纪念范仲淹的功绩,为他修建了祠堂并将捍海堤取名为范公堤,灾区中心兴化县的人民往往以范为姓。

由于范仲淹有此政绩,便调到东京(今河南开封)担任秘阁校理(秘阁是皇家藏书楼之一,校理是负责藏书的整理和校勘)。到了朝中,范仲淹更关心朝政得失和民间利病,又与朝廷中的腐朽势力展开斗争,犯颜直谏。他看到刘太后独揽大权,把宋仁宗当成傀儡,便批评这种不合理现象,奏请太后还政。有人劝他别这样锋芒毕露,他说:"我的官职很小,俸禄不算多,但每年也有三百贯铜钱,相当于两千亩地一年的收成。如果我坐食禄米,不去为国为民立功,那和专门糟蹋粮食的螟虫又有什么两样?人都说犯颜直谏会给自己惹祸,不是明哲保身之计,其实说这种话的人才是最没眼光的,他们不懂得:只有朝廷内外的官员都敢于直言,君主才会不犯错误,百姓才能没有怨言。政治上清明,才能祸患不生,天下无忧。这不正是远离祸乱、保全自身的根本之计吗?"但不久,范仲淹因由此触怒太后,被贬往河中府(今山西永济县蒲州镇)。有人认为,范仲淹"宁鸣而死,不默而生"这句话,既是范仲淹的人格写照,同时也是争取言论自由的宣言书。

刘太后死后,范仲淹被召回朝廷,任右司谏(谏官)。有了言官的身份,他上书言事更无所畏惧了。明道二年(1033),京东和江淮一带大旱,又闹蝗灾,为了安定民心,范仲淹奏请仁宗马上派人前去救灾,仁宗不予理会,在宫中仍然过着奢华的生活,范仲淹对此十分气愤,他冒着触犯龙威的危险质问道:"如果宫中半天不吃会怎么样? 现在许多地方老百姓没有饭吃,岂能置之不理?"说得仁宗无话可答,只得派他去江淮一带安抚灾民,范仲淹每到一地就开仓赈济,并且免除了灾区的部分赋税。为了劝诫挥霍人民血汗的皇室,他还把饥民吃的野草带回来献给仁宗,并请他转给嫔贵戚们看看,让他们知道老百姓过的是什么日子,不要过分奢侈。范仲淹经常大胆上谏,皇帝不快,又将他贬出朝廷。

范仲淹被贬到地方后,任所常动,但每到一地,他都兴利除弊,注重发展教育。景祐元年(1034),范仲淹调到故乡,担任苏州知州(一州的行政长官),他看到苏州暴雨成灾,伏天的大水,过了秋天仍未退下,农田被淹,秋收无望,数万家农户,面临饥饿死亡的威胁。走马上任伊始,他就了解水情,提出了疏浚五河,导太湖之水入海的计划。他又亲临现场,督修这项工程。在他的领导下,经过苏州人民一致努力,终于疏通了淤塞的河道,把积水导入了江海。这次太湖水道的疏通,对保障太湖周围的苏、常、湖、秀四州的农业生产起了重要作用。范仲淹在苏州南园买了一块地,准备盖一所住宅。一天,他请阴阳先生看风水,这位先生巡视一遭后,向范仲淹贺喜道:"这是块贵地,今后您家中定有公卿相继出世。"范仲淹听了笑道:"我家独占贵地,倒不如让出建学,使士人都在此受教育,公卿将相不是更多吗?"不久,范仲淹就在这里建起郡学,亲自聘请学识渊博的人任教,使学堂越办越好,名冠东南。由于范仲淹政绩斐然,又被召回京师,授天章阁待制,任吏部员外郎,权知开封府事(即宋都,今河南开封)。

范仲淹在京城大力整顿官僚机构,剔除弊政,把工作安排得井井有条,仅仅几个月号称繁剧的开封府就"肃然称治"。范仲淹看到宰相吕夷简等大官僚互相勾结、朋比为奸,将自己的亲信、党羽安插在要职上,使官僚机构中充满了陈腐污浊的空气。他和朝中一批正直的士大夫对这种行径非常痛恨,于是经常向皇帝进言。故而当时城中流传着一首歌谣道:"朝廷无忧有范君,京师无事有希文。"景祐三年(1036),范仲淹把京官晋升情况绘制成一份《百官图》,指着上面开列的众官晋升顺序说:"像这样的晋升,是循序升迁;像那样的遽然晋升,是不合次序的提拔。如果说这些循序升迁是出于公道,那么,那些不合次序的遽然提拔,便是出于宰相的私意了。况且,大凡属于天子近臣的破格提拔和撤职贬降职至饶州知州(今江西鄱阳)。"

范仲淹虽然三次被贬,名望却越来越高。第一次外贬时,亲朋们一直把他送到都门外,称赞他说:"此行极光(非常光荣)。"第三次被贬时仍有人不顾吕夷简的威胁恫吓去送别,并安慰他说:"此行尤光(尤其光荣)。"几起几落的范仲淹听罢大笑道:"仲淹前后已是三光了。"他正道直行,百折不挠,勇往直前,以满腔热忱报效国家。

三、军中有一范　西"贼"闻之惊破胆

宋仁宗宝元元年(1038)冬天,宋朝西北边境局势突然紧张起来,原本臣属大宋居住在甘州和凉州(今甘肃张掖、武威一带)的党项族首领元昊自称皇帝,建国号大夏,并且把国内15岁以上的男子都征发为兵,沿宋朝边境部署了十万人马。面对西夏的突然挑衅,宋朝措手不及,朝廷内有的主攻,有的主守,吵成一团,宋仁宗也举棋不定,莫衷一是。边境上

就更狼狈了，由于三十多年无战事，宋朝边防不修，士卒未经战阵，平常又缺乏训练。步兵携带武器和口粮，走几十里地就气喘吁吁，骑兵中有的不会披甲上马，射出的箭在马前一、二十步就落了地。带兵的将帅也多是皇帝的亲戚故旧，根本不懂军事，再加上将领更换频繁，军纪松弛，宋军以如此弱的战斗力如何对付咄咄逼人的西夏军队？

1039年，西夏军队进犯宋之边境，次年正月，元昊大军进逼延州（今陕北延安）。延州一带地阔寨疏，兵力薄弱，又是夏军出入的必经之地，元昊早就想拔掉这颗钉子。当时延州的知州范雍是一个志短才疏的胆小鬼。他一听说夏军来犯，吓得紧闭城门不敢出战，忙遣人去调援军。不料元昊早已在延州附近的三川口设下埋伏，援军刚到就陷入重围，死伤甚众，紧接着一面包围延州，一面将延州以北的36个寨堡全部荡平，最后延州指日可破，范雍束手无策，只会躲在城中祷告神佛保佑，幸亏这时纷纷扬扬下起鹅毛大雪，元昊怕被风雪困住，匆忙撤兵而去，延州孤堡才未陷落。

在这样严重的局势面前，宋仁宗想到了范仲淹。将他召入朝，恢复了天章阁待制之职，让他出任陕西路永兴军的知军州事（今陕西西安一带），后来，宋仁宗任命夏竦为陕西经略安抚招讨使，全面统筹边防，任命范仲淹和韩琦并为陕西经略安抚招讨副使，分别负责延路（西北军事区划之一，治所在今延安）和泾原路（西北军事区划之一，治所在今甘肃平凉）。这时的范仲淹已经52岁了，仕途上的艰辛蹉跎使他早已霜染鬓发，但是忠心报国的热忱却不减当年。范仲淹风尘仆仆来到处境最险恶的延州时，呈现在眼前的是战争给宋朝和边民带来的沉重灾难，到处是断壁残垣，茅庐草舍被焚烧成了废墟，百姓死的死，逃的逃，少数留下的也是无衣无食，无家可归，有家难回，范仲淹的心情十分沉重，当即写下一首《渔家傲·秋思》：

塞下秋来风景异，衡阳雁去无留意。

四面边声连角起，千嶂里，长烟落日孤城闭。

浊酒一杯家万里,燕然未勒归无计。

管悠悠霜满地,人不寐,将军白发征夫泪。

他发誓要像当年东汉的窦宪击破匈奴登燕然山勒石纪功而还那样,保卫边疆,让百姓安居乐业。一连数日,范仲淹马不停蹄地视察延路一带地形和边防守备,听取守边将士的意见,视察归来便废寝忘食地谋虑对付西夏的战略方针。范仲淹认为,宋军人数虽多,但缺乏强将精兵,战斗力差;西夏军人数较少,但兵精马劲,战斗力强,加上西夏境内山川险恶,沙漠广袤,其都城又远在黄河以北的兴庆府(即今宁夏银川市)。所以,宋若兴兵深入,粮草辎重的运输绵延百里,很容易遭到敌骑截击,而一旦粮饷接济不上就有被歼的危险,所以不宜采取深入敌境大举进攻的方针。但是,夏国经济力量薄弱,粮食不足,绢帛、瓷器、茶叶等都需从宋朝输入,这又是它的致命弱点。只要宋军实行坚壁清野的政策,努力修固边城,进行经济封锁,同时精练士卒,在夏军大举进攻时扼险坚守,这样西夏军无隙可乘、锋芒受挫。西夏军屡屡穷兵黩武,无功而返,本国的经济就会十分贫乏,军队的斗志也会逐渐消失,到那时就可迫其讲和了。范仲淹根据以上分析,向朝廷提出了一整套以防守为主的御夏方针。这是一个符合客观情况的战略决策,但是当时却被不少人认为是怯懦的表现,就连与范仲淹交情很深的韩琦也不能理解。韩琦主张坚决进攻。他向朝廷提出:"宋军拥二十万重兵,只守界壕,这么怯弱,自古未有,长此以往,士气都要丧失光了。况且兴师以来耗资太大,再拖延下去,国家经费更加困难,故应该集中各路兵力攻打西夏,速战速决。"两种主张报到中央后,急于求成的宋仁宗采用了韩琦的主张,命令韩琦和范仲淹同时出兵。范仲淹感到这样做太危险,连上三表反对,但都无效。他只好请求留下延路作为将来招纳西夏之用,宋仁宗勉强答应了。

庆历元年(1041年)正月,陕西主帅夏竦又派尹洙去延州说服范仲淹出兵,范仲淹仍然执意不肯。尹洙见他坚持己见,不禁叹息道:"范公这就不如韩公了,韩公曾说过:'大凡用兵,当置胜败于度外'。"范仲淹一听,立即反驳道:"大军一动,关系万人性命,竟可置胜负于度外吗?今不敢苟同。"韩琦得知劝不动范仲淹,便贸然决定泾原路自行出讨。他调集了镇戎军的全部人马,又临时招募了1800名壮士,全交给副将任率领。出兵后,任福及诸将轻敌贪功,被一小股佯装败退的夏军引诱,脱离了原定的行军路线,深入追击。当人困马乏的大军行至六盘山南麓的好水川口时,突然鼓角声大作,伏兵四起,宋军陷入了元昊的埋伏圈内,经过一场血战,任福等诸将战死,死伤万余人,仅千余人力战逃脱。之后,元昊兵指渭州(即今某肃平凉),但不迅速前进以免孤军深入,被对方切断后路,夏辣见西夏示弱,就命驻渭州的宋军主动进攻西夏军,结果元昊看准地势,将宋军围困在定川砦,断水放火,宋军全军覆没。定川砦战后,元昊大军便无所阻拦地直抵渭州,焚掠后还军。

好水川和定川砦的惨败,证明进攻方针难以收效,迫使宋仁宗放弃了进攻方针,改而采取范仲淹的守策。战略确定以后,还必须有相应的措施来保证它的实行。于是范仲淹推行修固边城、精练士卒、招抚属等相应的措施。修固边城就是在宋夏交界的前沿阵地修筑寨堡,建立军事据点。范仲淹的部下种世衡建议,在延州东北二百里古宽州的故垒上筑城。这里地处要冲,右可屏障延州,左可得到山西的粮食,北可以进图银、夏二州。范仲淹采纳了这个意见,派种世衡率兵前去修筑,夏兵来争,种世衡就一边作战一边抢修。城内缺乏水源,他出重金奖励凿井,终于从地下150尺处冒出了清泉,于是取名为清涧城。种世衡又大兴营田,一年收获粮食近万石,补充了军粮;又募商贾通贸易,经济上逐渐充实起来。同时,鼓励军队练武习射,把银钱当靶心,谁射中就赏谁,自此人人能射,终于使清涧城成为延州北面一个坚固的军事要塞。在范仲淹及其后任的努力下,不仅修筑了新的军事据点,而且还先后修复了永平、承平等旧寨12处;召回附近逃亡的蕃汉人户,开辟营田数千顷,恢复了农业生产。考虑到当地百姓远路输纳赋税过于劳苦,范仲淹还奏请将城县升建为军一级的行政单位,让河中府、同州、华州的中下等户,就近送缴赋税。

在春夏季节,则调延兵马来城这里,就近购食军粮,可以节省3/10的买粮开支,还不算别的减省。经济的恢复和军事力量的加强,使延州及周围附近的寨堡十分巩固。夏军私相告诫说:"别想打延州的主意了,现在的小范(指范仲淹)胸中有数万甲兵,不像大范老子(指范雍)好欺负。"

范仲淹的主张又推行到陕西沿边各路,没过几年,宋在延州与庆州间修筑了大顺城,在环州和镇戎军间修筑了细腰城和葫芦泉诸寨,打通了各州之间的道路,摆脱了孤立无援的境地,一方有警,各方应援,宋军的防守能力大大地加强了。

精练士卒,就是采取各种办法提高军队的战斗力。宋朝皇帝的诏旨中曾规定了各级将领统率军队的数目,若遇敌侵犯,地位低的军官就带军队先行出阵抵御。范仲淹说:"战将不选择适当的人,只以官阶高低作为出阵先后的标准,这是自取失败的办法。"于是,他认真检阅了延州的军队,淘汰了一批怯懦无能的将校,选拔了一批经过战火考验的有才干的人代替他们,他又淘汰老弱,选择18000名合格士兵,把他们分成6部,让每个将领统率3千人,分别予以训练,改变了过去兵将不相识的状况,临战时根据敌军多寡,调遣他们轮流出阵抗敌。范仲淹又积极招募士兵,因为原来守边的大都是从内地调来的已经腐化的禁军,这批人既不耐劳苦,又因久戍思乡斗志不高,而从本地人民中招募士兵,熟悉山川道路强悍敢战,又因保卫家乡斗志较强。精练士卒,提高了军队的战斗力。此外,范仲淹能以身作则,将士没喝上水他从不说渴,将士没吃上饭他从不叫饿,朝廷赏赐给他的金帛都分发给将士。范仲淹赏罚分明,奖励勇猛杀敌的士兵,提拔重用立功的将领,对克扣军饷的贪污分子则当众斩首,毫不留情。这样,在范仲淹的率领下,西北军中涌现出许多像狄青、种世衡那样有勇有谋的将领,又训练出一批强悍敢战的士兵,直到北宋末年,这支军队仍是宋朝的一支劲旅。

招抚属就是大力争取宋夏交界的少数民族——羌族。在沿边横山一带散居着不少部落,由于力量单薄,他们在宋、夏间持观望态度,有的曾投靠西夏,为元昊作过向导。范仲淹一方面筑堡立寨,切断他们与西夏的联系,并用兵保护他们的安全;另一方面竭力招抚他们,羌族酋长来见,范仲淹屏退卫兵,亲自接入内室,推心置腹相谈。羌族人亲热地唤他"龙图老子"(当时范仲淹的职衔是龙图阁直学士)。对受战争损害的羌族人民则拨给空地,发放粮食、农具等帮助他们恢复生产。这一政策更受到羌族人民的拥护。这样,羌族部落纷纷归附宋朝,担任宋军的向导,并出兵助战,有力地支持了宋军。

通过实施以上的措施,扭转了宋朝被动挨打的局面,使已经破坏的边防重新又巩固起来。边境上流传着一首歌谣说:"军中有一韩(琦),西'贼'闻之心胆寒;军中有一范(仲淹),西'贼'闻之惊破胆。"而西夏境内由于长期用兵,物资奇缺,物价飞涨,百姓怨声载道,无力战争。这样,双方从庆历三年(1043)开始议和,到庆历四年正式达成和议。宋夏重新恢复了和平,西北局势得以转危为安。

四、主持庆历新政　推行政治改革

庆历三年(1043)四月,宋夏局势刚刚和缓,宋仁宗便将范仲淹调回东京,升任为参知政事(副宰相),与枢密副使富弼、韩琦等人一道主持朝政。当时,北宋的官僚机构越来越臃肿,而行政效率越来越低,军队数量不断增加,但内忧外患不时爆发,百姓负担十分沉重,国家财政却入不敷出。不少有远见的人担心国家的命运,连连上疏要求宋仁宗进行改革,在严重的危机面前,宋仁宗三番五次召见范仲淹等人,赐给他亲笔写的诏书催促说:"你们为国尽心,不必有什么顾虑,凡是急需改革的事,赶快提出来。"并且叫人打开宫中的天章阁,在条案摆好纸笔,督促他们立即写出改革方案。范仲淹一贯主张改革,以治理天下为己任。早在天圣五年(1027),范仲淹就曾洋洋万言上书朝廷,提出一系列建议:选择贤明的人作州郡长官,举荐有成绩的人当县令;排除社会上的游散懒惰势力,裁汰冗员并取缔过度奢侈的行为;严密选举制度,培育将帅以加强边防等。

后来他又经常上书，分析民间利病和朝政得失。现在他更觉得责无旁贷，但他又深知积重难返，他对人说："皇上对待我，真够信任的了。不过，事情总有个先后缓急；以往长期安定局面中积累的弊病，决非一朝一夕所能革除的！"然而国家的危机如此严重，皇上求治如此心切，时间是耽搁不起的，于是范仲淹认真总结从政 28 年来酝酿已久的改革思想，很快呈上了著名的新政纲领《答手诏条陈十事》，提出了十项改革主张，它的主要内容是：

（一）明黜陟，即严明官吏升降制度。那时，升降官员不问劳逸如何，不看政绩好坏，只以资历为准。故官员不求有功，但求无过，因循苟且，无所作为。范仲淹提出考核政绩，破格提拔有大功劳和明显政绩的，撤换有罪和不称职的官员。

（二）抑侥幸，即限制侥幸作官和升官的途径。当时，大官每年都要自荐其子弟充京官，一个学士以上的官员，经过二十年，一家兄弟子孙出任京官的就有二十人。这样一个接一个地进入朝廷，不仅增加了国家开支，而且这些纨绔子弟又不干正事，只知相互包庇，结党营私。为了国家政治的清明和减少财政开支考虑，应该限制大官的恩荫特权，防止他们的子弟充任馆阁要职。

（三）精贡举，即严密贡举制度。为了培养有真才实学的人，首先应该改革科举考试内容，把原来进士科只注重诗赋改为重策论，把明经科只要求死背儒家经书的词句改为要求阐述经书的意义和道理。这样，学生有真才实学，进士之法，便可以依其名而求其实了。

（四）择长官，即针对当时分布在州县两级官不称职者十居八九的状况，范仲淹建议朝廷派出得力的人往各路（北宋州以上的一级监察和财政区划）检查地方政绩，奖励能员，罢免不才；选派地方官要通过认真地推荐和审查，以防止冗滥。

（五）均公田，即合理均分公田。公田，即职田，是北宋地方官的定额收入之一，但分配往往高低不均。范仲淹认为，供给不均，怎能要求官员尽职办事呢？他建议朝廷均衡一下他们的职田收入；没有发给职田的，按等级发给他们，使他们有足够的收入养活自己。然后，便可以督责他们廉节为政，对那些违法的人，也可予以惩办或撤职了。

（六）厚农桑，即重视农桑等生产事业。范仲淹建议朝廷降下诏令，要求各级政府和人民，讲究农田利害，兴修水利，大兴农利，并制定一套奖励人民、考核官员的制度长期实行。

（七）修武备，即整治军备。范仲淹建议在京城附近地区招募强壮男丁，充作京畿卫士，用来辅助正规军。这些卫士，每年大约用三个季度的时间务农，一个季度的时间教练战斗，寓兵于农，实施这一制度，可以节省给养之费。京师的这种制度如果成功了，再由各地仿照执行。

（八）推恩信，即广泛落实朝廷的惠政和信义。主管部门若有人拖延或违反赦文的施行，要依法从重处置。另外，还要向各路派遣使臣，巡察那些应当施行的各种惠政是否施行。这样，便处处都没有阻隔皇恩的现象了。

（九）重命令，即要严肃对待和慎重发布朝廷号令。范仲淹认为，法度是要示信于民，如今却颁行不久便随即更改，为此朝廷必须讨论哪些可以长久推行的条令，删去繁杂冗赘的条款，裁定为皇帝制命和国家法令，颁布下去。这样，朝廷的命令便不至于经常变更了。

（十）减徭役。范仲淹认为如今户口已然减少，而民间对官府的供给，却更加繁重。应将户口少的县裁减为镇，将各州军的使院和州院塙署，并为一院；职官厅差人干的杂役，可派级一些州城兵士去承担，将那些本不该承担公役的人，全部放回农村。这样，民间便不再为繁重的困扰而忧愁了。

《条陈十事》写成后，立即呈送给宋仁宗。宋仁宗和朝廷其他官员商量，表示赞同，便逐渐以诏令形式颁发全国。于是，北宋历史上轰动一时的庆历新政就在范仲淹的领导下开始了，范仲淹的改革思想得以付诸实施。

庆历三年(1043)底，范仲淹选派了一批精明干练的按察使去各路检查官吏善恶。他坐镇京师，每当得到按察使的报告，就翻开各路官员的花名册把不称职者的名字勾掉。枢密副使富弼平时对范仲淹十分尊敬，这时见他毫不留情地罢免了一个又一个官员，不免有点担心，从旁劝止说："您一笔勾掉很容易，但是这一笔之下可要使他一家人痛泣呀!"范仲淹听了，用笔点着贪官的名字愤慨地说："一家人哭总比一路人哭要好吧!"

　　在范仲淹的严格考核下，一大批尸位素餐的寄生虫被除了名，一批才干能员被提拔到重要岗位，官府办事效能提高了，财政、漕运等有所改善，暮气沉沉的北宋政权开始有了起色。朝廷上许多正直的官员纷纷赋诗，赞扬新政，人们围观着改革诏令，交口称赞。但是，这场改革直接触犯了封建腐朽势力，限制了大官僚的特权，他们对此恨之入骨，随着新政推行逐渐损害他们的利益，便集结在一起攻击新政。他们诬蔑范仲淹、富弼、欧阳修等结交朋党，并串通宦官不断到宋仁宗面前散布范仲淹私树党羽的谗言。曾作过西北统帅的夏竦，是个诡计多端的家伙，宰相吕夷简告病退休时，他满心以为凭自己的资历可以接替宰相职位，没料想在石介、欧阳修的抨击下，非但没有当上宰相，连枢密使的官职也丢了。他恼羞成怒，蓄意报复。于是他让家里的一个使女天天临摹石介的手迹，等到写得到石介亲笔字一模一样了，便伪造出一封石介写给富弼的密信，信里说要废掉仁宗。夏竦到处张扬，诬陷改革派阴谋另立皇帝。于是流言四起，人心惶惶。宋仁宗虽然对这件事未必全信，但看到反对革新的势力这么强大，他开始动摇了，失去了改革的信心。到庆历五年初，一年前慷慨激昂，想励精图治的宋仁宗终于完全退缩，他下诏废弃一切改革措施，解除了范仲淹参知政事的职务，将他贬至邓州(今河南邓县)，富弼、欧阳修等革新派人士都相继被逐出朝廷。坚持了一年零四个月的庆历新政终于失败。

　　庆历新政失败后，范仲淹贬到邓州，之后又辗转于杭州、青州，皇祐四年(1052),他调往颍州(今安徽阜阳),走到出生地徐州,不幸病逝,终年64岁。遗著有《文集》二十卷,《别集》五卷(今本四卷);《奏议》十七卷,《政府论事》三卷(今本为《奏议》二卷);《尺牍》五卷(今本三卷);另有《文集补编》一卷。

五、先天下之忧而忧　后天下之乐而乐

当年范仲淹贬到邓州后,身体很不好。这时,他接到昔日好友滕宗谅从岳州(今湖南岳阳)的来信,要他为重新修竣的岳阳楼作一篇记。范仲淹为了激励遭到贬黜的朋友们,便一口答应了滕宗谅的请求,就在邓州的花洲书院里挥毫撰写了著名的《岳阳楼记》。范仲淹用优美的文字描述了洞庭湖波澜壮阔的景色,并且借景抒情,劝勉失意志士不要因自己的不幸遭遇而忧伤,要"不以物喜,不以己悲",摆脱个人得失,做到"先天下之忧而忧,后天下之乐而乐"。

"先天下之忧而忧,后天下之乐而乐"这两句话,概括了范仲淹一生所追求的为人准则,是他忧国忧民思想的高度概括。从青年时代开始,范仲淹就立志做一个有益于天下的人。为官数十载,他在朝廷犯颜直谏,不怕因此获罪。他推行了庆历新政,这一政治改革,触及到北宋的政治、经济、军事制度的各个方面,虽然由于守旧势力的反对,改革失败,但范仲淹主持的这次新政却开创了北宋士大夫议政的风气,传播了改革思想,成为王安石熙宁变法的前奏。他在地方上每到一地,兴修水利,培养人才,保土安民,政绩斐然,真正做到了为官一任,造福一方。而在生活上,他治家严谨,十分俭朴,平时居家不吃两样荤菜,妻子儿女的衣食只求温饱,一直到晚年,都没建造一座像样的宅第,在死后入殓时,连件新衣服都没有。然而他喜欢将自己的钱财送给别人,待人亲热敦厚,乐于替人家办好事,当时的贤士,很多是在他的指导和荐拔下成长起来的。即使是乡野和街巷的平民百姓,也都能叫出他的名字。在他离任时,百姓常常拦住传旨使臣的路,要求朝廷让范仲淹继续留任。

范仲淹的行动和思想，赢得几代人的敬仰。邠州和庆州的百姓，与归附宋朝的羌族人民，都画了他的肖像，给他立生祠，来纪念他，他去世噩耗传到各地，人们深为叹息，凡是他从政过的地方，老百姓纷纷为他建祠画像，数百羌族人来到祠堂，像死去父亲一样痛泣哀悼，斋戒了三天才散去。历代仁人志士也纷纷以范仲淹这位北宋名臣为楷模，学习和效法他。而今天，范仲淹的精神和思想仍闪耀着奋发向上的思想光辉，仍有着启发和教育意义。

不畏天变　不恤人言

——王安石传

王安石（1021－1086），字介甫，号半山，谥文，封荆国公。世人又称王荆公。北宋抚州临川人（今江西省东乡县上池村人），中国历史上杰出的政治家、思想家、文学家、改革家，唐宋八大家之一。北宋丞相、新党领袖。欧阳修称赞王安石："翰林风月三千首，吏部文章二百年。老去自怜心尚在，后来谁与子争先。"有《王临川集》、《临川集拾遗》等存世。其亦擅长诗词，流传最著名的莫过于《泊船瓜州》里："春风又绿江南岸，明月何时照我还。"

一、任职地方　多办实事

王安石生于宋真宗天禧五年（1021），父亲王益，做过几任州县官吏，奔波于南北各地，官终都官员外郎。景祐四年（1037）王安石随父亲到江宁。王安石十九岁时父亲去世了，从此王安石就在江宁定居下来，江宁成为他的第二故乡。由于父亲的去世，家境逐渐拮据起来，他和母亲过着很贫寒的生活。

王安石在少年时代就喜好读书，他读书过目不忘。他作文章落笔如飞，初看似乎漫不经心，写完后，读过的人都佩服他文章精彩绝妙。他精读了大量儒家经典，也阅了诸子百家，还涉猎《素问》《本草》等医学书，并且看过一些小说，真是博览群书。尤为可贵的是，王安石求学并不光停留在书本上，还向富有经验的"农夫、女工"学习书本上没有的知识，他不是死读书，是在求知中勤于思考，孜孜不倦地"唯理以求"，这种探求精神使他常能用批判的眼光判断各种问题，因而逐渐形成了有自己特点的思维模式。庆历二年（1042）春，二十二岁的王安石考中进士，名列上等，从此步入仕途，被任命为签书淮南节度判官职，给扬州地方长官韩对当幕僚。

任职三年后，按宋制可以准许呈献文章请求投考馆阁的职位，这是一般士大夫求得更高官职的途径，但王安石不走这条路，他愿继续在地方任职，于是在庆历七年（1047）出任鄞县知县。血气方刚的王安石，一心一意要为当地老百姓做些好事。他看到鄞县地区有丰富的水资源，但由于水利连年失修，不能充分利用，使水白白流入大海，倘若遇到不雨之年，便出现严重旱情，这真是最大的浪费与最大的灾患。所以，王安石在到鄞县的第一年，便决定利用冬闲季节，动员百姓大兴水利，浚治川渠。他亲自奔波在工地上督促检查。由于这件事深得民心，百姓愿意效力。在二、三年里建造堤堰，修整陂塘，为当地水利建设作出不少成绩。在鄞县王安石还看到另一种使他揪心的情况：在青黄不接之际，贫苦农民用粮十分困难，常常忍受高利贷者的高利盘剥。王安石决定以轻微利息把粮贷给贫苦农民，约定秋收后归还新粮，保障他们生活，同时也免受高利贷的盘剥。此外，王安石还在鄞县兴办学校、整顿户籍管理，不断地进行改革试验，鄞县的所作所为，为他以后的变法运动积累了初步经验。王安石在鄞县任满后，皇祐三年（1051）历任舒州通判、群牧司通判、群牧司判官。

　　此时王安石不但在政治上崭露头角，而且以学问和文章知名于世，欧阳修推举他在朝廷任职，但他仍要求去当地方官。嘉祐二年（1057）被派到常州任知州。嘉祐三年（1058）春，王安石调任江南东路提典弄狱。到任后，王安石发现现行的榷茶法存在着严重弊端：官卖的茶叶，质劣且贵，因而他上疏仁宗，请求罢榷茶法，改为商人运销、官府抽税的办法，这样可使民间得到好茶和贱茶，此法经实施，收效非常好。

　　这些，他在二十多年的地方官生涯中所形成的极佳官声，以及他多次拒绝朝廷为他安排的肥美官职，使王安石享有极高声望与知名度。这二十多年的时间，是王安石最神秘、最神奇的时间。他谢绝一次朝廷的美意，就导致他的声望升高一次；一次次的谢绝，最后就使得甚至从皇帝开始，直到京城里的士大夫、朝堂上的文武百官们，人人无不渴望见识一下王安石的真面目。

如果说他是为了沽名钓誉，这时间未免太长了些；如果说是韬光养晦，这份沉得住气的工夫真正罕见。有一种看法认为：当时，朝堂上群星荟萃、德高望重者济济一堂，如范仲淹、欧阳修、司马光、曾公亮、文彦博、富弼、韩琦等等一大批人，会使王安石黯然失色，因此，他索性躲到地方坐以待时。此种看法，显然低估了王安石耀眼的才华与独特坚定的性格。以一介地方官吏，他尚且能够使自己的灿烂文名流布于天下，令四方学子仰慕，哪里会害怕到京城一展身手？

但不管怎么说，王安石相当自信，自信一旦时机来临，自己必可成就一番大事业。而且，事实上，他也在这二十年间，为自己今后的政治生涯打下了一个极为坚固的基础。这则是不需要怀疑的。

嘉祐三年(1058)十月，仁宗召王安石进京，任三司度支判官。王安石无法再推辞，只得赴京就职。

二、慷慨奋行 锐意革新

经历29年的地方官生活，使王安石对社会问题有了更深刻的感受和认识。约在嘉祐四年(1059)夏，他写成了《上仁宗皇帝言事书》，洋洋万言，表达了自己慷慨奋行、矫正世风改变世俗的志向。

《言事书》对北宋王朝以来内忧外患、积贫积弱的局面及形成的原因有精辟的分析："顾内则不能无以社稷为忧，外则不能无惧于夷敌，天下之财力日益困穷，而风俗日以衰坏，四方有志之士，诅诅然常恐天下之久不安"，其根本原因是"不知法度"。法度在王安石的文章中就是国家的方针、政策和法令，王安石主张在"法先王之意"的口号下，进行变法革新，而"法先王之意"，并非是提倡复古，而是为了减少变革的阻力，使变革不至于"倾骇天下之耳目，嚣天下之口。"

对于人才的高度重视，也是王安石在《言事书》中特别强调的，他引用《孟子》的一句话："徒法不能以自行。"王安石认为宋王朝吏制败坏，做官的人中没有多少有作为的人才，而缺少才能、贪婪卑鄙的人却多如牛毛，他提出培养和造就人才。

须从"教之、养之、任之"几个方面下手，而且要"有其道"。在《言事书》中，吏制与人才的问题，占了很大的篇幅。

理财的问题在王安石的《言事书》中也提到，虽然篇幅不多，但其立场是很鲜明的："盖因天下之力以生天下之财，取天下之财以供天下之费，自古治世，未尝以不足为天下之公患也，患在治财无其道耳。"

然而，王安石这篇重要的万言上书，并没有得到仁宗的重视。王安石改革的想法并没能得到实施，但《言事书》无疑是王安石日后变法的思想纲领时集中体现，是他的理论基础，嘉祐六年（1061），王安石被任命为知制诰，两年后仁宗去世。赵曙即位，是为英宗。此时王安石也因母亲去世，回到江宁守丧。英宗即位后，庸碌无为，在位四年后就因病去世。治平四年（1067）赵顼即位，是为宋神宗，起用王安石知江宁府，熙宁元年（1068）四月，王安石回到开封，受命为翰林学士兼侍讲。

宋神宗与仁宗和英宗不同，他是一位颇有作为的年轻君主，即位后，有一股改革弊政的强烈愿望，他想效法唐太宗，使宋朝也成为太平盛世，他也想寻求一个像魏征那样的宰相，辅佐他成功立业，因此，登基以后他不断向大臣征询改革意见。

王安石回开封后，神宗即召入对，开头就问，治理国首先要以什么为先。王安石回答说："首先应该选择治理的方法。"神宗又问："唐太宗怎样？"王安石说："陛下当效法尧、舜，何以太宗为哉？尧、舜之道，至简而不繁，至要而不迂，至易而不难。但末世学者不能通知，以为高不可及尔。"宋神宗最后说，你要全心全意辅佐我，希望我们能共同来完成这个事业。

又有一日朝席完毕，神宗留下王安石再一次议论政，神宗认为，唐太宗须得魏征，刘备须得诸葛亮，然后才可以有所作为；这两个人实在是不可多得的人才！但王安石回答说："陛下谈能为尧、舜，则必有皋、夔、稷；

诚能为高宗,则必有傅说。"他认为,天下有学识的人才不算不多,而帝王常忧患无人辅佐自己治理天下,是由于"择术未明,推诚未至",因而虽有贤明的人,也呼"为小人所蔽,卷怀而去尔"。神宗说:"何世无小人,虽尧、舜之时,不能无四凶。"王安石对答说:"唯能辨四凶而诛之,此其所以为尧、舜也。若使四凶得肆其谗慝,则皋、菱、稷亦安肯苟食其禄以终身乎?"不久,神宗又问王安石,自宋朝开国以来,百年无大变,天下太平是什么原因。王安石为全面回答这一问题,退朝后,写了奏疏《本朝百年无事札子》上奏神宗。

在《札子》中,王安石认为天下并非太平无事,剖析了特别是仁宗统治时期在用人、理财、治军各个方面的弊端,"农民坏于徭役,而未尝特见救恤;又不为之设官,以修其水土之利。兵士杂于劳,而未尝申敕训练","其于理财,大抵无法,故虽俭约而民不富,虽忧勤而国不强",王安石认为"大有为之时,正在今日",表达了锐意进行改革的决心与愿望。

改革已经成为历史的趋势,北宋积贫积弱的形势使要求改革的人越来越多,呼声也越来越高,神宗于熙宁二年(1069)二月,任命王安石为右谏议大夫、参知政事,王安石在神宗支持下,建立"设置三司条例司",作为主持变法的专门机构,由王安石亲自负责。王安石又推荐吕惠卿作为自己的主要助手,负责条例司日常事务,一场变法革新的运动就此拉开了序幕,熙宁三年(1070)十二月,以王安石为同中书门下平章事,由副相晋升为宰相,这是变法运动趋向高潮的标志。

三、大刀阔斧　推行新法

王安石变法的目的在于富国强兵,借以扭转北宋积贫积弱的局面,巩固宋朝的统治。王安石明确提出理财是宰相要抓的头等大事,阐释了政事和理财的关系,指出"政事所以理财,理财乃所谓义也"。更重要的是,王安石在执政前就认为,只有在发展生产的基础上,才能解决好国家财政问题:"因天下之力以生天下之财,取天下之财以供天下之费。"执政以后,王安石继续发挥了他的这一见解,曾经指出:"今所以未举事者,凡以财不足故,故臣以理财为方今先急",而"理财以农事为急,农以去其疾苦、抑兼并、便趋农为急"。

王安石的变法,在当时称为新法,新法内容包括农田水利、青苗、均输、保甲、免役、市易、保马、方田等法。王安石派出提举官四十多人,把新法颁行于天下。在具体内容上,各法是这样:

均输法。把发运的职能改为均输,朝廷借予钱币、米粮作为本钱,凡是上供朝廷的物品,都必须从价格昂贵的地方移到价格便宜的地方去购买,用路途近的地方而取代远的地方,预先了解京城仓库里所应当置买的东西,价钱便宜的就先购买好,然后贮存起来。此法熙宁二年(1069)七月开始实行于淮南路,江南东、西路,两浙路及荆湖南、北路,王安石选派薛向担任发运使,全权负责举力均输,总东南六路的财赋和茶盐等各项收入。均输法的实施,有效地调整了供求关系,改进了对京师贡物的供应,减少了纳税户的一些不合理负担,政府的财政因而有所增加。

青苗法。把籴买常平仓粮的本钱作为青苗钱,散给每家每户,命令他们出二分利息,春天散出,秋天收回。青苗法于熙宁二年(1069)九月开始实行,对调节粮价、救济饥民有一定作用,青苗法推行后,南方之民认为"皆便之,无不善者",一般农民也愿意到州县去借青苗钱。青苗法虽然收百分之十利息,二次借贷收百之四十利息,但还是比私人百分之百的高利低得多,因而对高利贷起了一定限制作用。不过由于青苗钱贷款不敷分配,高利贷在农村还是很活跃,青苗法的实施给国家带来一定财政收入,然而,其弊病也是显而易见的,官吏在散敛青苗钱时敲诈勒索,有时折价计钱,使一些农民蒙受到损失。

农田水利法。发布于熙宁二年(1069)十一月。农田水利法是王安石"以天下之力生天下之财"的思想的集中体现。发展农田水利,开辟相当多荒田,整治大量陂塘,疏通许多河道、沟渠,兴修大量水利工程,其成就有目共睹。史称"自秦以来,水利之功未有及此者"。

免役法。又称募役法，即根据老百姓家中财产的数量，分别叫他们出钱雇人服役，下到单丁、户，这些本来本就不必服役的家庭，也一概叫他们出钱，这叫助役钱，免役法的推行，使各等户都出钱，豪富之家财产多，出役钱也多。同时也使轮流充役的农民得以回乡务农，有利于农业生产。此法熙宁五年(1072)开始实施。这是继均输法之后，对大商人的进一步限制，并首先在开封设立市易务，作为执行市易法的专门机构，还从内藏库拨出一百发给作为市易本钱。以后在杭州、成都、广州等许多城市也设立了市易务。市易法的推行，使中小商贩和外来客商避免了豪富巨贾的压榨，使一部分商业利益从大商人手中转到政府手中，同时也增加了政府的税收。

方田均税法。以东、西、南、北四至各千步，相当于四十一顷六十六亩一百六十步的面积为一方，每年九月，县令、县尉分地统计，查验田地的肥沃与贫瘠，确定它们的土色和质地，分为五等，根据土地等级，均定地税数额。此法于熙宁五年(1072)八月颁布施行。先在京东路实行，以后推广河北、陕西、河东等五路，且只限于五路的平原地区。方田均税法的推行，给隐田漏税的家强地主以沉重打击，对地少地薄而税重的贫苦农民，相对减轻了一些负担。

整顿治安，加强军备，也是新法的一个重要内容，具体表现在下面诸方面：

保甲法。把乡村各农产登记入册，两名男丁中取一名，十家为一堡，堡丁都发给弓弩，教他们作战的阵法。此法熙宁三年(1070)十二月首先在开封府地区实行，以后推广到京东、京西、河北、陕西诸路，最后推广到全国。实行保甲法，建立起严密的治安网，就是使保甲丁成为正规军的补充力量，"使与募兵相参，则可以消募兵骄志，省养兵财费"。这是军队建设中具有战略意义的大事，因而王安石要求对保甲兵加强了训练，并取得较好效果。"教艺既成，更胜正兵。"到熙宁九年(1076)止，全国受过正规军事训练的保甲兵已达五十六万多人，加强了宋朝军队的实力。

保马法。凡是五路义勇保甲愿意养马的,每户养一匹,以牧马监现有的马匹给他们饲养,或者官府给予马价,让他们自行选购良马,每年检查一次马的肥瘦,有马匹死亡或生病的给予补偿。此法熙宁五年(1072)五月先在开封府试行,熙宁六年(1073)八月颁布实行。保马法的推行,由于饲养较好,减少了马的死亡,同时也减少了政府的开支。

与此同时,王安石为首的变法派改革军事制度,以提高军队的素质和战斗力,强化对广大农村的控制;为培养更多的社会需要的人才,对科举、学校教育制度也进行了改革,王安石亲自撰写《周礼义》《书义》《诗义》,即所谓的《三经新义》,为学校教育改革提供了新教材。

王安石的变法在一定程度上限制甚至打击了大官僚贵族、大商人对人民的掠夺,在地主阶级内部进行财力的再调整,"损有余以补不足",力求民不加赋而国足用。正因为限制了大官僚贵族的经济特权,新法遭到守旧势力的猛烈反对和围攻。

王安石曾经讲过三句有名的话:天变不足畏,祖宗不足法,人言不足恤。他认为自然界的灾害,不用害怕;祖宗的主法,不适应时代需要的,可以改变;社会上的舆论,有正确和错误之分,错误的言论就不应当接受。这三句话反映了王安石具有朴素的唯物主义思想和革新的精神。在这种思想指导下,他的变法措施具有一定的进步性。

王安石所采取的措施,只是为了缓和已经激化的阶级矛盾,挽救宋王朝的危机,他只能在不触动封建制度的前提下,通过腐败的官僚机构,在统治政策上作了某些调整。王安石对大官僚贵族的限制是有限度的,革新派的力量是非常薄弱的,从一些反对新法人们的奏章和文书中,还可看到,有些新法为某些贪官污吏所利用,反而起了扰民的作用。

四、西望国门　无力回天

王安石变法在当时引起强烈的反响,同时也在统治集团内部受到猛烈的攻击。新法刚一出台,就马上遭保守势力的强烈反对,御史中丞吕海评论王安石有十大过失,出判大名府的韩琦把劝谏停止实行青苗法的奏疏送到朝廷;翰林学士司马光在起草批答诏书中有"士大夫沸腾,黎民百姓骚动"的强烈指责新法的词句,他并且引用朋友间应互相劝勉从善的道理,三次写信反复劝导王安石……

他们的反对使神宗开始动摇,并且疑虑重重,再加上曾公亮等人也出来指责青苗法,王安石虽然为辩,也不能解除神宗疑虑,于是王安石称病在家,并上章奏请罢职。这时,翰林学士司马光也称青苗法使"士夫沸腾,黎民骚动",王安石再度上章奏辩,后来神宗头脑才清醒过来,承认自己为"众论所惑",并遣使督王安石视事,王安石才又继续执政,进一步推行新法。

然而斗争远未停止,反对派又在免役法、市役法等问题上变着法儿掀起反变法的浪潮,熙宁四年(1072),监察御史刘挚、御史中丞刘绘多次上疏神宗反对免役法,声称免役法"有十害";熙宁五年(1072),华州山崩,枢密使文彦博说这是市易司差官自卖果实所造成的后果,面对着进攻,王安石一一予以还击,他上奏神宗反驳说:"华州山崩,臣不知天意为何? 若有意,必为小人发,不为君子。"并认为人之所为,"亦不必合天意"。熙宁六年(1073)七月,反对派对市易务实行的"免行钱"又发动攻击。"免行钱"是将商行为开封官府供给的百货改为按商行收利多少交纳"免行钱",这是参照免役法而实行的新法规,这个法规使那些肆意勒索的官吏和从中渔利的禁中皇族、后族以至宦官的利益受到极大损害,因而他们和反对变法派的官僚结合在一起,发起猛烈进攻一此时神宗也疑虑起来,问王安石:"近臣以至后族无不言不便,何也? 两宫乃至江下,忧京师乱起。"王安石毫不犹疑地揭露了后族所以反对免行钱的原因。因此更招来后宫的强烈反对,他们纷纷要求废除新法,赶走王安石。参知政事冯京见风使舵也随声附和,宫廷中形成了一股反变法的逆流。熙宁六年(1073)至八年(1075),又连续发生两年大旱,饥民流离失所,神宗脸上布满了愁云,在朝上叹息不已。这也成为反对派攻击变法的口实。

变法至熙宁六年(1073),遭遇大旱,一个被王安石提拔的看守城门的小吏郑侠在冯京的指使下,在熙宁七年(1074)四月画了一张《流民图》进呈天子御览,郑侠同时还附了一道奏疏,说微臣在城门上,天天看见为变法所苦的平民百姓扶携塞道,卖妻鬻子,斩桑拆屋,横死街头,实在是忍无可忍,因此恳请皇上罢废害民之法,"延万姓垂死之命",而且郑侠还赌咒发誓,说如果废除新法之后十日之内不下雨,请将臣斩首于宣德门外,以正欺君之罪。

这一事件让神宗大为震惊,据说他观图后一夜不眠,两宫太后(太皇太后和皇太后)声泪俱下,皇帝终于动心,毕竟,天下大旱已整整十个月,难道真是新法弄得天怒人怨? 于是下诏暂停青苗、免税、方田、保甲八项新法,诏下三日之后,天降大雨,旱情立解。

这种说法也未免太有戏剧性,姑妄听之,但王安石变法的不得人心却是事实,民间的声音因为《流民图》事件而上达天听也是事实。这时王安石已处在反对派的包围之中,很难继续执政,因而要求辞去宰相,熙宁七年(1074)四月,神宗罢王安石宰相,诏令出知江宁府。

接任王安石为相的是韩维,吕惠卿为参知政事,这二人也是变法派的人物。然而吕惠卿虽然有才干,在变法中也出过不少力,却怀有强烈的个人野心。在王安石罢相后,他虽为参知政事,但也一心要往上爬,于是做了些伤害王安石的事,同时他与韩维也不合作,在此情况下韩维请求神宗复王安石相位。熙宁八年(1075)二月,神宗第二次任用王安石为宰相,王安石的复相,使吕惠卿大为惊讶。

王安石再次担任宰相以后,虽然还想进一步推行新法,但变法派内部的分裂扩大了,吕惠卿对于王安石再度为相深感不安与不满,他在王安石生病时对神宗说,王安石数次称病不管事,把积压下来的公事都委托我,我怕将来会导致失败而吃罪不起,变法派内部的严重分裂,无疑给王安石以沉重的打击,而这时新老反对派的攻击火力仍有增无减,甚至天空出现彗星,也成为攻击变法的借口。神宗也不像以前那样信任、支持王安石了;对王安石的意见,也不那么言听计从了,这一切都使王安石更加心灰意冷,熙宁九年(1076),王安石在病中多次请求辞职。同年六月,他的儿子又因病死去,使他悲伤不已,力请解除宰相职,十月,神宗批准他的请求、王安石罢相后,出知江宁府,但他并不到任视事,次年六月就辞官退居江宁了。

王安石从熙宁二年至熙宁九年共推行七年新法。在王安石罢相后,神宗还是基本维持新法的,然而已经把注意力集中在官制改革和强化军兵保甲方面。元丰八年(1085)神宗去世,幼子赵煦继位,是为哲宗;哲宗年幼,当时是由神宗的母亲高太后执掌朝政,高太后拜司马光为宰相。司马光一上台,尽废新法,这就是历史所称的"元祐更化"。元祐八年(1093)高太后病死,哲宗亲政,哲宗虽然也颇有政变精神,也恢复了神宗颁布的一些新法,罢免了一些元祐党人,但新法至此已经是寿终正寝,以失败而告终。

五、生活中的王安石

王安石的做人特别有意思,最大的外在特点是生活上的极度不修边幅。据说,他长时间地不换洗衣服,长时间地不洗脸、不漱口、不洗澡,这使他的外套上到处都是汤汁油渍汗迹等污斑。好在当时的王安石已经具有了极高的官声与文名,使这种出现在常人身上肯定会令人无法忍受的不修边幅,反而给他增加了新的魅力。史书记载说:时人咸谓其贤。就是说,人们普遍认为王安石是了不起的高人。

有些事情,颇能表现王安石的为人与私德:

其一,王安石的夫人吴氏是位胖太太,也不算美貌。有一次,她自为丈夫娶了一个小妾。可能是想给丈夫一个惊喜的意思,白天她对此事只字未提,晚上临睡时,才让这女子梳妆好了前来侍候。王安石大吃一惊,问来者所欲何为? 就是说,他不知道一个美貌女子打扮得漂漂亮亮,半夜到他的房子里来是想干什么。女子将夫人的意思讲给王安石听,王安石相当严肃地仔细盘问起来。这女子告诉他：自己的丈夫将一船官麦弄沉了，倾家荡产后仍然不足以偿还官债，所以自己被丈夫卖掉好还债。王安石问："共卖得多少钱？"女子回答："九百缗。"就是九百贯钱的意思，按照购买力折算，大约是今天不到二十万元人民币的样子。王安石听后，命该女子回她自己房间安歇。第二天一早，立命将该女子的丈夫找到，让他把自己的妻子领回去，并且不必退钱。

其二，1042年，即宋仁宗庆历二年，王安石22岁。是年，他一举中进士高第，为第四名。此后一生为官，官居宰相高位前后八年，其间一度权势熏天，几乎可以主宰百官的荣辱予夺。但是，此人从未用此权力为自己及其亲族谋过私利；他对金钱也从不计较，据说，其宰相俸禄几乎已经变成公费，任凭亲友甚至同事花费。而且，该人一生少见私敌，所结怨者，大多是为了变法的缘故。因此，就连后世相当厌恶他的批评者，都承认自己面对的是一个真诚、虔敬的洁身自好之士。

王安石退居江宁后，虽然过着田野幽居的生活，但他的内心却还是深切地关怀着朝廷的局势发展的，所谓"西望国门搔短发，九天宫阙五云深"，就是反映了他晚年不平静的心情，然而他毕竟是罢了官的人了，对朝廷的事已无能为力，退居的王安石，有时会会朋友，谈诗论文；有时骑驴出游，与人说佛谈禅。王安石本身还是一位杰出的文学家。他的文章雄健峭拔，是唐宋八大家之一，诗词创作虽不多，但遒动豪气之中又富清新婉媚。著作有《临川集》《临川集拾遗》《三经新义》。老年仍然热衷于读书、著述，编写了一本《字说》，对文字训诂有独特的见解。神宗逝世后，宋哲宗元祐元年（1086），保守派得势，此前的新法都被废除。政局的逆转，使王安石深感不安，当他听到免役法也被废除时，不禁悲愤地说："亦罢至此乎！"但此时他已经是老迈体衰了。元祐元年（1086）四月，王安石一病不起，与世长辞，终年六十六岁。他在退居江宁时封为荆国公，死后，谥文。

兴明灭元功第一

徐达(1332－1385),明朝开国军事统帅,字天德。汉族,濠州钟离(今安徽凤阳东北)人。初朱元璋为郭子兴部将,往归之。从南略定远,取和州。渡江拔攻城取拔寨,皆为军锋之冠,后为大将,统兵征战。洪武元年,为左相国,拜大将军。洪武初累官中书右丞相,封魏国公,追封中山王。

一、投身义军　战功赫赫

徐达生于元至顺三年(1332),濠州钟离(今安徽凤阳县)人,与朱元璋同乡。农民出身,家境贫寒,小时候常和朱元璋、汤和等一起替地主放牛,他们是一伙自小在苦水中泡大的好朋友。徐达虽然比朱元璋小四岁,但他生得"长身高颧,刚毅武勇",且"少有大志",因而与朱元璋很合得来。元末之时,到处是天灾、瘟疫、饥荒蔓延,安徽地方更是厉害。穷人实在无法活下去,纷纷举行起义反抗元朝的黑暗统治,其中尤以红巾军的声势最大。朱元璋在元至正十一年(1351)参加了郭子兴的义军队伍,当上了红巾军的九夫长,并在次年夏回乡募兵。徐达听知后十分高兴,"仗剑往从",决意投效红巾军。当时徐达已有二十二岁,由于他英勇善战,又略懂韬略,很快便成了朱元璋的得力助手。

朱元璋参加郭子兴义军后,不久被郭子兴提升为镇抚。但徐达却感到濠州地小粮少,而且诸帅不和,郭子兴与孙德崖等人经常为争权而发生冲突,终非久留之地,遂"时时以王霸之略进",建议朱元璋趁早分兵别处,徐图发展,这一见解正合朱元璋的心意。至正十四年(1354)春,朱元璋以所募兵七百人转属他将唯独单单留下徐达、汤和等二十四名家乡兄弟南攻打定远,一开始先是用计纳降了张空堡的三千民兵,继而向东夜袭元兵于横涧山,迫使"义兵"元帅缪大亨率两万精壮士卒归降。这样一来,朱元璋算有了一支自己掌握的武装力量,为其后的开创基业奠定了良好的基础,这一切的发展与徐达颇具远识的建议是分不开的。

不久徐达在攻取滁州、和州等战役中,又充分地表现了他杰出的军事才能,被授予镇抚之职,成了统军的将领。至正十五年(1355)三月,孙德崖率部到和州掠夺军粮,与郭子兴发生火拼,孙德崖在城中被郭子兴所擒拿,但朱元璋在城外亦为孙的部队扣作人质,双方虽然同意交换,但谁也不肯先放人。在这僵持的情势下,徐达不惜冒着自己随时被杀害的危险,"挺身诣德崖军请代"。就这样,朱元璋被换回来,孙德崖被放回去,随后徐达才得以获释。朱元璋对徐达这一行为当然非常感激,从此对他更加信任和倚重了。

不久,郭子兴病亡,朱元璋继统率郭部,成为南方红巾军的主要首领,并随即实施了他攻取集庆(今南京)的计划,以稳居东南,进而逐鹿中原,成就霸业的宏伟战略计划。徐达在实施这一战略计划中一直被委以重任,至正十五年(1355)六月,徐达奉命南渡长江,攻打采石矶和太平,这是进取集庆必争之地,这次战役双方争夺十分激烈,在攻占太平时,起义军一举俘获守城的元万户纳哈出。

朱元璋既扼制了集庆的江上咽喉,从八月开始发起向集庆的总攻,徐达肩负重任,首先率众突破了元军层层防线,深入敌后,连续攻占溧水、溧阳、句容、芜湖等重镇,清除了集庆外围元军。次年三月,徐部与朱元璋的主力会合,对集庆实行两面夹击,先破陈兆选大营,使其部队全部归降;再攻元兵于蒋山,终于攻克集庆,朱元璋在此次战斗中共赢得军民五十余万。集庆就是现在的南京,自古就是乃"古帝王之都,龙盘虎踞之地",因而南定集庆的意义十分重大,它为朱元璋的奠基立业赢得了一个巩固的根据地,并由此创立了中国历史上第一个由南向北统一天下的封建王朝。朱元璋把集庆改名为应天府,以表示他的崛起乃上应天意。在这次战役中,徐达立下累累战功,功居诸将之首,赢得了朱元璋的全面信任,以后朱元璋"营四方,多命达为大将",他所显现出的卓越军事才能促使朱元璋在许多战役中都任命他为主将,徐达也就成了朱元璋打天下最重要的助手。

二、攻陈灭张　努力进取

朱元璋在占领集庆后,虽说已拥有一块根据地,但他的势力在割据诸雄中,相对来说还是较弱的,所面临的形势也十分严峻,当时大江南北不仅还有元军重兵镇守,而且同是反元义军的东面的张士诚自恃地富粮足,西面的陈友谅倚仗兵强地广,他们时刻都想把朱元璋势力吞并掉。为求得生存和发展,朱元璋必须首先巩固东西两面防线,然后伺机突破,并最终对两大势力给以毁灭性的打击,而要肩负这一重大任务,自然非智勇双全的徐达莫属。

当时东面争夺的焦点是长江下游的军事重镇镇江。假如镇江落入张士诚手里,他便可以随时出兵威胁应天府。于是朱元璋决定先下手为强,"命徐达为大将军,委以东下之任"。徐达亦不孚众望,旗开得胜,以少数兵力,勇夺镇江,徐达一向十分重视军风军纪,"达等号令严肃,城中晏然",良明的军纪赢得了百姓的拥戴,从而扩大了政治影响,赢得了人心,徐达一鼓作气,又分兵攻下金坛、丹阳诸县,在应天东面筑起一道坚固的军事屏障,为巩固以应天为中心的根据地作出了卓著的贡献,以功升任统军元帅。

张士诚对朱元璋夺得镇江当然是不甘心的,镇江的位置太重要了,镇江落入朱元璋之手,无疑对他是一大威胁,他必须夺之而后快,于是在据有常州后便挥师进攻镇江。至正十六年(1356)七月,徐达在龙潭一战中,击败张士诚军,乘胜进围常州。张士诚急调重兵增援,在兵力上占有明显的优势,徐达深知"士诚师甚锐,不可当",便决定"以计取之"避敌锋芒,用计取胜,先是在距城十八里处分设伏兵,然后亲率中军出战,结果张士诚军受伏大败。徐达"获其张、汤二将",致使张士诚元气大伤。这一战役使一向自负甚高的张士诚再也不敢小看朱元璋的势力,并派使臣到应天议和,表示愿意每年输粮二十万石、黄金五百两、白银三百斤,作为犒军之费,然而志在天下的朱元璋却不为满足,故意抬高价格,狮子口大开,最终双方未能达成协议。徐达奉命继续进军,终于在第二年三月攻克常州,以功晋升知枢密院使。

当年七月,徐达率军进逼宜兴,另遣先锋赵德胜攻常熟,常熟是由张士诚的弟弟张士德镇守。张士德"善战有谋,能得士心,浙西地皆其所略定",所以在进军前,徐达特别叮咛赵德胜说:"张士德狡而善斗,有勇有谋,如果在战斗中让他胜利了,他的锋锐必然更加不可抵挡,所以必须用计取胜。"赵德胜遵从徐达指示"师次城下,士德迎战不利,遇伏。后又马蹶,遂为德胜所擒,遂下常熟。"接着,徐达又接连攻克宜兴、江阴等地,从而在东起常熟,中经江阴、常州,西至宜兴,沿太湖北岸构筑起一道弧形的东部防线,既完全堵死了张士诚西犯应天的通道,又随时随地可以进击平江,直捣张士诚的老巢。

徐达在东线节节取胜,但是西线却突然紧张起来,陈友谅趁徐达大军向东进攻之机率领几十万大兵向安徽进击,于至正十八年(1358)正月袭破安庆后,又遣将赵普连陷枞阳、池州,在那里建立了强大的水寨。从西面对应天构成了严重的威胁。在此关键时刻,徐达再次挑起重任,奉命西进迎击陈友谅军队,他先在应天居守,继而投入到第一线的战斗,至正十九年(1359)三月大破赵普胜栅江营,四月攻克池州,缴获陈军战舰无数,以功晋升泰国上将军、同知枢密院使。

至正二十年(1360)五月,徐达与常遇春共同设谋,大败陈友谅军于池州东南的九华山,歼敌万余人,生俘三千人。在战斗结束后,常遇春大开杀戒,虐杀俘虏,徐达坚决反对这种不人道的做法,两人产生了争执。

至正二十年(1360)闰五月,陈友谅率水师十万,一举攻占太平,自立为汉王,并约张士诚东西夹攻朱元璋,一时之间应天告急,江东大震。在这危急时刻,徐达设伏于南门外,待陈友谅进至江边渡口龙湾时,诸路伏兵齐发,一举重创陈友谅,生俘七千余人,获战舰百余艘,战船数百,陈友谅夺舟逃回江州,徐达乘胜收复太平,攻占安庆。这一战役解除了应天的危急,彻底粉碎了陈友谅对西线的进攻;张士诚见陈友谅惨败,不敢轻举妄动。连年来徐达在危难时机东西征战,使朱元璋东西两翼防线得到巩固,大大扩展了应天根据地,为以后削平群雄、顺利北伐、统一全国奠定了胜利的基础。

至正二十一年(1361)七月,陈友谅部将张定边重新占领安庆。朱元璋率水师亲征,徐达负责主攻陈友谅的老巢江州。徐军迅猛异常,陈友谅大惊,以为神兵从天而降,仓猝之中不能整束军队,仅仅携带着妻子儿女连夜逃到武昌,于是徐达又顺利地拿下了江州。徐达穷追不舍,沿江而上,接连占领薪州、黄州、黄梅、广济,直趋汉阳,于汉口扎下大营,有力地遏止了陈友谅的东下。朱元璋得以偷袭收复安庆,并攻陷龙兴改名洪都,又连下袁州、瑞州、临江、吉安等府,将势力范围扩大到江西,徐达以功晋封中书右丞。

至正二十三年(1363)正月,张士诚遣其弟士信率大兵围攻韩林儿、刘福通的根据地安丰。当时朱元璋在名义上仍奉韩林儿的龙凤年号,同时也考虑到一旦安丰被攻破,张士诚的势力就会更加扩张,难以遏制,因而决定亲率徐达等渡江北上支援。然而此时陈友谅却乘虚而入,大举向洪都反扑,"空国而至,兵号六十万",气势汹汹,吉安、临江、无为等州府,数月之中,竟都被陈友谅所攻陷。朱元璋不得不挥师回击,双方决战于鄱阳湖。在这次具有决定意义的战斗中,徐达又立了大功,他"身先诸将,击败友谅前军,杀一千五百人";在激战中,徐达战船着火,但他毫不畏惧,一面指挥灭火,一面坚持战斗,终于挫败了陈友谅的猛烈进攻。经此一战,朱元璋对战胜陈友谅已充满了信心,同时为了严防张士诚乘虚偷袭后方,便把留守应天的重任交给了徐达,并说:"吾以达留守,缓急可百全也",朱元璋对徐达办的事是绝对放心的。徐达回到应天,兢兢业业,恪尽职守,"申约束,严斥堠,示以镇静,若不知有外兵者"。张士诚见无隙可乘也不敢轻举妄动,因而使朱元璋解除了后顾之忧,得以全力对付陈友谅。朱元璋在与陈友谅决战中，虽然几经艰险，但最后还是取得了鄱阳湖决战的胜利，不仅全歼陈友谅的六十万大军，而且杀死了陈友谅。不久，徐达奉调回到西线，迫使陈友谅之次子陈理献出武昌归降，并进而攻取了江陵、辰州、衡州、宝庆诸路。陈友谅的残余势力既被肃清，朱元璋的势力范围也扩展到湖北、湖南。至正二十四年（1364）正月，朱元璋在应天即吴王位，建置百官，设中书省，徐达以卓越功勋任左相国之职。从此，徐达"出将入相"，在军事与政治两个方面，都发挥着越来越重要的作用。

陈友谅被消灭以后，朱元璋的下一个战略目标自然是东灭张士诚了。至正二十五年（1365）十月，徐达被委任为总兵官，率水陆大军东征。徐达针对张士诚辖境南北狭长二千余里，中隔长江，江北守备力量相对薄弱的实际情况，确定了"先取通、泰诸郡，剪其羽翼"，然后专攻浙西的战略方针，迅速渡江北上。徐军首先攻下苏北重镇泰州。然后进围兴化和高邮，这样就使张士谈陷入了南北隔绝的困境这样就使张士诚陷入了南北隔绝的困境。张士诚当然不甘心坐以待毙，他从江南出击宜兴，以牵制徐达在江北的攻势。然而徐达审时度势，进据都慎重考虑，予以取舍，在回师宜兴击溃张士诚军后，继续向江北挺进，并于次年三、四月间攻下高邮、淮安、兴化。徐达还奉命破安丰，俘元将忻都，再战徐州，俘斩元兵万计。至此，"淮南、北悉平"。徐达仅用了半年左右的时间，不仅完成了攻取江北，剪除张士诚羽翼的任务，而且打通东控齐鲁、北进中原的通道。

同年七月，朱元璋与李善长、徐达等一起商议讨伐张士诚的大计。左相国李善长认为张氏"势虽屡屈而兵力未衰，土沃民富，又多积储，恐难猝拔，宜候隙而动"。但徐达久经战阵，对张士诚的虚实了如指掌，他反对这种坐失战机的保守决策，他指出："张氏骄横，暴殄者奢侈，此天亡之时也。其所任骄将，皆龌龊不足数，黄、蔡、叶三参军辈，是迂阔书生，不知大计。臣奉主上威德，率精锐之师，声罪致讨，三吴可计日而定。"徐达的意见非常适合朱元璋的意愿,他遂即任命徐达为大将军,率师二十万讨伐张士诚。

　　徐达还是从"剪其羽翼"的战略出发,首先攻打太湖南岸的湖州,把吕珍的六万援军狙击于城东之旧馆,紧接着又分兵击败张士诚以及徐志坚所率的援军于皂林和姑嫂桥,俘获志坚及兵众三千余人,迫使吕珍等于十一月献出了湖州。占领湖州以后,徐达引兵北上,于当月包围了张士诚的大本营平江。在围城期间,徐达每遇大事均事先向朱元璋请示。朱元璋亲笔手书安慰徐达,说:"将军自昔相从,忠义出自天性,沈毅有谋,定能戡乱定难。虽古豪杰何以加兹……然将在外,君不御,古之道也。自今军中缓急,唯将军便宜行之。"徐达得书后,便檄令各路大军,向平江城发动总功击。张士诚内无粮草,外无援兵,曾先后两次拼死突围,但都被徐军杀回。至正二十七年(1367)九月,徐达首先攻破葑门,常遇春亦攻入阊门,平江遂克至此平定了平江。张士诚在此战中被俘虏,送应天后自缢而死。当徐达大捷凯旋回到应天时,朱元璋亲到城门论功行赏,徐达晋封为信国公,并升为右丞相。朱元璋还特意谕诸将说:"灭汉灭吴,皆公等之力,古之名将,何以加诸! 今当北定中原,各努力进取。"

三、灭元大功　徐氏居首

　　至正二十七年(1367)十月,朱元璋任命徐达为征讨大将军,常遇春为副将军,率领二十五万人马北伐中原。在任命徐、常时朱元璋对他们有过一段评价:"命将出师,必在得人,师有纪律,战胜攻取,得为将之体者,无如大将军达;当百万之众,勇敢先登,摧锋陷阵,所向披靡,无如副将军遇春,然吾不患遇春不能战,但患其轻敌耳。身为大将,好与小校争能,甚非吾所望也。"当时徐达和常遇春虽同属朱元璋所倚重的名将,但在朱元璋心目中,徐达还是要胜出一筹的,在"长于谋略"和"严于律兵"方面尤其如此。

　　徐达根据既定的"先取山东,撤其屏蔽,旋师河南,断其羽翼,拔潼关而守之……然后进兵元都"的北伐总战略,从淮安挺进山东,首先攻克沂、莒、密、海诸州,分兵扼守古黄河要道,阻敌增援,主力部队继续北上,于十一月攻克山东重镇益都以及临淄、寿光等州县。十二月,济南及登、莱守将献城,山东全境平定,"撤其屏蔽"的任务顺利地完成了。

元至正二十八年(1368)正月,朱元璋在应天正式即皇帝位,国号明,建元洪武,徐达以"首功"被封为右丞相兼太子少傅,同年三月,北伐进入到了第二阶段,徐达率水陆大军,溯河而上,进军河南,攻克永城、归德、许州,对梁守将左君弼献城降,四月,明军自虎牢关直趋偃师、洛阳。洛水一战,元兵损失惨重,洛阳守将李克彝弃城逃往陕西,梁王阿鲁温开门迎降,五月,潼关守将、张思道亦战败西奔。至此,"剪其羽翼","控扼潼关"的战略任务,亦告胜利完成,"元都孤立,幽蓟自倾",灭元是指日可待的了。

同月,朱元璋亲自赴汴梁和北伐众将领一起商讨进取元都的战略部署。在会上,徐达充满自信地说:"臣自平齐、鲁,扫河、洛,元将王保何逡巡太原,观望不进,及潼关既克,元军失势西窜,元之声援已绝,今乘势直捣元都,可不战有也。"朱元璋非常赞同他的主张,马上批准了他们的作战计划。闰七月,徐达从河阴、渡黄河北上,分兵攻取了卫辉、彰德、磁州,并在临清与山东诸路大军会合,沿运河继续向北挺进,迅速攻下德州、长芦、直沽,并攻占了元都外围的重要战略据点通州,元顺帝闻讯后,知元都已无法保住,遂于闰七月二十七日深夜仓皇逃跑,北逃上都开平。徐达于八月初二率军从齐化门进入元都,除监国淮王帖木儿不花等因顽抗被杀外,其余不滥戮一人,"士卒无侵暴,人民安堵",徐达治军之严明,于此也可以看出,明军进入大都,旋改元大都为北平府。元王朝的统治,终于被推翻了,这样,北伐的第三阶段直趋元都的战略任务,在不到1个月的时间里便胜利完成了。

洪武二年(1369)正月,诏立功臣于鸡鸣山下,朱元璋"亲定功臣位次,以徐达居首"。洪武三年十一月,朱元璋"乃下诏大封功臣,授达开国辅运推诚宣力武臣、特进光禄大夫、左柱国、太傅、中书右丞相参军国事，改封魏国公，岁禄五千石，予世券。"

四、秉心以德　谨饬自守

徐达一生南征北战，"廓江汉，清淮楚，扫西浙，中原声威所震，直连塞外，其间降王缚将，不可胜数"，一个农家出身的孩子为什么能够具有如此良好的军事素养呢？这应该从几个方面去分析分析。

首先，徐达勤奋好学，因家境贫寒，从小便失去了上学读书的机会，但徐达并没有甘于现状，与此相反，更激发了他的求知欲，平时打仗当然是非常紧张激烈的，但他仍千方百计创造条件抓紧学习，"归朝之日，单车就舍，延礼儒生，谈论终日，雍雍如也"，可见他对自己的学习提高是从不放松的，对于有才学的儒士也是非常尊敬的。徐达熟知我国古代兵法，掌握了渊博的军事知识，从而使自己逐步成长为杰出的帅才，就是他学习的结果。

其次，是严于律己、他治军严明，"令出不二"的治军作风和他严于律己紧密不分开。徐达深深懂得，如果将帅不以身作则，作出好榜样，兵是很难带好的，也是难以激励士气的，所以他时时、事事、处处对自己的要求极严，在生活上参与部卒同甘共苦，"士卒不饱，不饮食，不营定，不就帐，伤残疾者，视慰问，给医药"，因而深得军心，真正做到了令行禁止，所向克捷。他的地位虽然是愈来愈高，但对自己的要求和约束也愈来愈严，从不居功自傲，放纵自己。朱元璋曾对他作过这样的评价："受命而出，成功而返，不矜不伐，妇女无所爱，财宝无所取，中正无疵，昭明平日月，大将军一人而已。"

徐达为人正直，嫉恶如仇。洪武六年（1371）胡惟庸出任中书省丞相，他专横霸道，招财纳贿，看到徐达功高望重，他初"欲结好于达"，借以壮大自己的在朝中的势力；但徐达鄙薄胡的为人，不屑与之为伍，胡惟庸竟使用阴谋诡计，"赂达阍者福寿使图达"；但福寿不为所动，揭发了胡惟庸的阴谋,徐达更"深疾其奸,从容言于帝",指出胡惟庸心邪术诈,既贪奸又阴险,不宜委以丞相的重任,没过几年,胡惟庸的罪行充分暴露后,被朱元璋罢职处死。

　　徐达虽然有功于朝廷,但他从不居功自傲,徐达一生九佩大将军印,削平群雄,安定天下,立盖世功,但他还是始终恭谨自恃,敬遵礼制,每遇征战,"受命而出,成功而旋,不矜不代",在建国后,他并没有脱离戎马生涯,曾三次挥师塞北平虏,其余大部分时间镇守北平,在那里整饬城防,操练兵马,屯田积谷,做到常备不懈,使北方边防日益巩固。"每岁春出,岁暮召还,以为常,还辄上将印"。他与朱元璋的关系虽素有"布衣兄弟"之称,但他从不因此忘形放肆,相反,在"帝前恭谨如不能言"。有一次,朱元璋对他说:"徐兄功大,来有宁居,可赐以旧邸",要将朱元璋称吴王时所居王宫赐给他住,但徐达不愿逾制,坚持不受。朱元璋便在旧邸设宴款待徐达,"强饮之醉,而蒙之被使卧床就寝"。徐达醒后,发觉自己睡在朱元璋过去睡过的龙床上,不禁大惊失色,急忙下床,俯伏阶下,连称"死罪"!朱元璋只好"命有司即旧邸前治甲第",赐给徐达,并在新邸前建"大功坊",以表彰徐达开国之功。

　　洪武十七年(1382),徐达在北平背生疽,朱元璋对他的病情非常担忧,马上派徐达长子徐辉祖持敕前往慰问,并将徐达接回南京治疗。但徐达的疽疾仍继续恶化,于洪武十八年二月七日病逝,终年五十四岁。朱元璋惊闻噩耗悲恸不已,为之辍朝,亲临哭奠,这封徐达为中山王,谥号"武宁",赠子孙三世皆王爵,赐葬钟山之北,并亲自撰写神道碑文,以纪徐达的丰功伟绩。又命"配享太庙,肖像功臣庙,位皆第一"。

救时宰相　于公忠肃

于谦(1398—1457)，字廷益，号节庵，官至少保，世称于少保，汉族，明代名臣。永乐十九年(1421)进士。宣德初授御史，出按江西，迁兵部右侍郎，巡抚河南、山西。正统十四年(1449)召为兵部左侍郎。土木之变，英宗被俘，郕王朱祁钰监国。擢兵部尚书。于谦力排南迁之议，决策守京师，与诸大臣请郕王即位，为明景泰帝。瓦剌兵逼京师，亲自督战，击退之。论功加封少保，总督军务，终迫也先遣使议和，使太上皇得归。天顺元年(1457)谦以"谋逆"罪被冤杀。弘治谥肃愍，万历改谥忠肃。有《于忠肃集》。于谦与岳飞、张煌言，并称"西湖三杰。"

浙江钱塘(今浙江杭州市)人。祖先原是河南人，从金、元以来世代为朝廷大官。高祖于夔当过元朝的河南江北行中书省参知政事，追封河南郡公；曾祖于九思最后当了杭州路总管并死于杭州；祖父文在明朝任兵部主事。只有其父于彦昭，职位低微，几近隐逸。

于谦出生于洪武三十一年(1398)。此时是明朝开国之初，政治上比较稳定，于谦小时聪慧机灵，为乡里称道，七岁那年，一位僧人遇到他，主动为他相面，说道："此儿长得出奇，将来一定是个救时宰相。"加上他平时就为乡里人称道，因而，人们都戏称他为"救时宰相"。于谦十六岁入府学，有位按察金事视学很严厉，大家都讨厌他，一次众学子正和他吵闹之际，金事大人不慎掉到了学宫边的池塘里。在场的诸生很害怕，一个个都跑了，于谦上前把他拽出来。但万万没有想到，金事老眼昏花，脑子也糊涂，他感到有失师道尊严，可又无处发泄，因此就想归罪于谦，以出心中的闷气。于谦一看这位主事抓住他不放，非诬他不可，就平心静气地对他说："跟先生吵闹的人早就走开了，没有和先生吵闹的人才敢留下来，这是很明白的道理。现在先生不怪罪于吵闹的人是可以的，但反过来要加罪于搭救先生的人，这是为什么呢？"按察金事一听这些话，就不好意思再往下追究了。此事一传十,十传百,于谦因此更加出名了。

一、倔强严正　两袖清风

于谦在二十三岁时考中了进士。当时考取进士有严格限制,大多数人考到老也没能考上,二十三岁能考中属于科举中试的佼佼者,尤其重要的是于谦从小的时候起,就通过读书学习建立了他的志向:要做个刚直不阿、廉洁奉公的人。

于谦踏上仕途之初,先是做多年地方官。在地方官任上他锐意兴革,为老百姓做了好多事情,政绩斐然,一时为人称道。

宣德初年,任命于谦为御史。奏对的时候,他声音洪亮,语言流畅,皇帝很用心地听。顾佐任都御使,对下属很严厉,却对于谦客气,认为他的才能胜过自己。护从皇帝驻扎在乐安时,高煦出来投降,皇帝让于谦口头数说他的罪行。于谦义正词严,声色俱厉。高煦伏在地上,自称罪该万死。皇帝很高兴。班师回朝北京,给于谦赏赐和各大臣一样。

于谦外出巡按江西,昭雪了被冤枉的几百个囚犯。他上疏奏报陕西各处官校骚扰百姓,诏令派御史逮捕他们。皇帝知道于谦可以承担重任,当时刚要增设各部右侍郎为直接派驻省的巡抚,于是亲手写了于谦的名字交给吏部,越级提升为兵部右侍郎,巡抚河南、山西。于谦到任后,轻装骑马走遍了所管辖的地区,访问老百姓,考察当时各项应该兴办或者革新的事,并立即上疏提出。一年上疏几次,稍有水旱灾害,马上上报。

正统六年(1441),于谦上疏说:"现在河南、山西各自储存了数百万谷物。请于每年三月,令各府州县上报缺粮的贫困户,把谷物分发给他们。先给菽秫,再给黍麦,再次给稻。等秋收后还给官府,而年老有病和贫穷无力的,则免予偿还。州县吏员任满应该提升时,储存预备粮达不到指标的,不准离任。并命令监察官员经常稽查视察。"河南靠近黄河的地方,常因水涨冲缺堤岸。于谦令加厚防护堤,计里数设置亭,亭有亭长,负责督促修缮堤岸。又下令种树、打井,于是榆树夹道,路上没有干渴的行人。大同单独远在边塞之外,巡按山西的人难于前往,奏请另设御史管理。把镇守将领私自开垦的田全部收为官屯,用以资助边防经费。他的威望恩德遍布于各地,在太行山的盗贼都逃跑或隐藏起来。在职九年,升任左侍郎,领二品官的俸禄。

当初,杨士奇、杨荣、杨溥主持朝政,都很重视于谦。于谦所奏请的事,早上上奏章,晚上便得到批准,都是"三杨"主办的。但于谦每次进觐商议国事时,都是空着口袋进去,那些有权势的人不能不感到失望。到了,"三杨"已经去世之后,太监王振掌权,正好有个姓名和于谦相似的御史,曾经顶撞过王振。于谦入朝,推荐参政王来、孙原贞代替自己。通政使李锡逢迎王振的指使,弹劾于谦因为长期未得晋升而不满,擅自推举人代替自己。把他投到司法部门判处死刑,关在狱中三个月。后来王振知道搞错了,把他放出来,降职为大理寺少卿。山西、河南的官吏和百姓俯伏在宫门前上书,请求于谦留任,人数以千计,周王、晋王等藩王也这样上言,于是再命于谦为巡抚。当时的山东、陕西流民到河南求食的,有二十余万人,于谦请求发放河南、怀庆两府积储的粟米救济。又奏请令布政使年富安抚召集这些人,给他们田、牛和种子,派人监督管理。前后在任共十九年,他父母去世时,都让他回去办理丧事,不久便官复原职。

二、北京保卫战临危受命

如果不是"土木之变"爆发,于谦也许终其一生,都只是明朝一个兢兢业业的官员。这场事变将于谦推上了政治前台,做出了非常事业。

正统十四年(1449),于谦被召回京,任兵部左侍郎。第二年秋天,也先大举进犯,王振鼓动皇帝亲征。于谦和兵部尚书邝野极力劝谏,皇帝不听。邝野跟随皇帝管理军队,留于谦主持兵部的工作。待到英宗在土木堡被俘,京师大为震惊,大家都不知道该怎么办。朱祁钰监国,命令群臣讨论作战和防守的方略。侍讲徐珵说星象有变化,应当迁都南京。于谦厉声说："主张南迁的,该杀。京师是天下的根本,一摇动则国家大计完了,难道没有看见宋朝南渡的情况吗!"朱祁钰肯定了他的说法,防守的决策就这样定下来了。当时京师最有战斗力的部队、精锐的骑兵都已在土木堡失陷,剩下疲惫的士卒不到十万,人心震惊惶恐,朝廷上下都没有坚定的信心。于谦请朱祁钰调南北两京、河南的备操军,山东和南京沿海的备倭军,江北和北京所属各府的运粮军,马上开赴京师,依然策划部署,人心稍为安定。于谦立即被升为兵部尚书。

郕王暂代皇帝出朝,廷臣们请求将王振灭九族。而王振的党羽有一个叫马顺的,便出来斥责言官。于是给事中王竑在明廷上打马顺,大家都跟着他。朝上秩序大乱,卫卒声势汹汹。朱祁钰害怕得要起来走开,于谦推开众人走上前去扶住朱祁钰不要起来,而且告诉朱祁钰宣谕说:"马顺等有罪该死,不予追究。"大家才安定下来。于谦的袍袖因此全部撕裂。退出左腋门,吏部尚书王直握着于谦的手叹道:"国家正在倚赖你呢,今天虽然一百个王直又有什么作用!"当时,上下的人都依赖重视于谦,于谦亦毅然把国家的安危视为自己的责任。

当初,大臣担忧国家没有君主,太子年幼,敌寇将至,请皇太后立朱祁钰为皇帝。朱祁钰一再害怕地推辞。于谦大声说:"我们完全是为国家考虑,不是为个人打算。"九月,祁钰即帝位,是为景泰帝,于谦进去回答问话,情绪激昂地哭着说:"敌寇得意,留住了皇上。必然轻视中国,长驱南下。请命令各边境的守臣竭力防守遏制。京营士兵的器械快要用完了,需要马上分道招募民兵,令工部制造器械盔甲。派遣都督孙镗、卫颖、张辄、张仪、雷通分兵据守九门重要的地方,军队驻扎在外城的外面。都御史杨善,给事中王竑亦参与这些事,迁徙外城附近的居民进入城内。在通州储存的粮食,令官军自己去支领,不把粮食留给敌人。文臣像轩倪这样的人,应该用为巡抚。武臣像石亨、杨洪、柳博这样的,应该用为将帅。至于军队里面的事情,我自己承担,没有成效就判我的罪。"对他的意见,皇帝全都认真地接纳了。

十月,敕令于谦提督各营军马。而也先挟持着上皇(英宗)攻破紫荆关长驱直入,进窥京师。石亨建议收兵固守使敌兵劳累衰竭。于谦不同意,说:"为什么向他示弱,使敌人更加轻视我。"马上分别调遣诸将带领二十二万兵士,在九门外摆开阵势:都督陶瑾在安定门,广宁伯刘安在东直门,武进伯朱瑛在朝阳门,都督刘聚在西直门,镇远侯顾兴祖在阜成门,都指挥李端在正阳门,都督刘得新在崇文门,都指挥汤芦在宣城门,而于谦自己和石亨率领副总兵范广、武兴在德胜门外列阵,抵挡也先。把兵部的事交给了侍郎吴宁,把各城门全部关闭,自己亲自督战。下令:临阵将领不顾部队先行退却的,斩将领。军士不顾将领先退却的,后队斩前队。于是将士知道必定要死战,都听命令。副总兵高礼、毛福寿在彰义门北面抵挡敌人,俘虏了一个头目。皇帝高兴,令于谦选精兵聚集在教场,以便调动;再命太监兴安、李永昌同于谦一起管理军务。

　　当初,也先部队深入,以为早晚就可以攻下京城,及至见到明朝官军严阵以待,有些丧气。叛变了的宦官喜宁教唆也先邀明朝大臣迎接太上皇,索取黄金和丝织品以万计;又邀于谦及王直等出城谈判,皇帝不准许。也先更加沮丧。庚申,也先部队窥伺德胜门。于谦令石亨在空屋里设下埋伏,派几个骑兵引诱敌人。敌人用一万骑兵逼近,副总兵范广发射火药武器,伏兵一齐起来迎击。也先的弟弟孛罗被炮打死,也先部队转移到西直门,都督孙镗抵御他,石亨亦分了部分兵力来到,敌寇撤退。副总兵武兴在彰义门攻打敌军,和都督王敬一起挫败了也先的先锋部队。敌军正要退却,而几百个骑着马的宦官想争功,冲马争着向前。阵脚乱了,武兴被乱箭射死。寇兵赶到攻城,居民爬上屋顶,呼喊着用砖石投掷敌人,喧声震天。王直和福寿的援兵赶到,敌军撤退。相持了五天,也先的邀请没人理他,作战又失利,知道不可能达到目的,又听说各地勤王的部队马上要开到,恐怕被截断了归路,于是拥着上皇由良乡向西而去。于谦调各将领追击,到居庸关才回来。评功,加于谦少保、总督军务。于谦说:"四郊多堡垒,是卿大夫的耻辱,怎么敢求取赏赐功劳呢!"

坚决推辞，皇帝不准。于是增兵守真定、保定、涿州、易州等府州，请求用大臣镇守山西，防止敌寇南侵。

景泰元年(1450)三月，总兵于谦奏称敌兵三万围攻万全，敕令范广担任总兵官抵御他；不久，敌寇退，于谦请求即驻兵居庸关，敌寇来则出关剿杀，敌寇退则回京师驻守。大同参将许贵奏北面有三个人到镇上，想朝廷派使者讲和。于谦说："以前派指挥季锋、岳谦前往讲和，而也先跟着入寇。接着派通政王复、少卿赵荣，见不到上皇就回来了。显然，不能依靠和谈。况者我和他的仇不共戴天，从道理上来说也绝不可以讲和。万一和了他要满足无穷无尽的要求，答应则给我们造成很大的困难，不答应又会发生变乱，这形势也不能讲和。许贵是武臣，而这样恐惧畏缩，怎能敌忾同仇，按法律该处死。"发出文书严厉谴责他。从此边境的将领人人都主张坚守作战，没有敢说讲和的。

当初，也先诸多要挟，都是由喜宁策划的。于谦秘密下令镇守大同的将领抓了喜宁，把他杀了。又给王伟想办法，让他引诱杀了间谍田小儿。而且利用间谍实行离间，请求特别释放了忠勇伯把台家，答应封给爵位，让他从中想办法。也先开始有放回太上皇的意思，派使者来联系，京师的戒备才稍稍放松了一点。于谦上言："南京重地，需要有人加以安抚稳定。中原有很多流民，假如遇上荒年，互相呼应聚集成群，这是很值得担心的。请敕令内外守备和各处巡抚用心整顿，防患于未然，召回派往内地招募发兵的文武官员和镇守中宫。"

三、功臣命丧宫廷权斗

到了八月，太上皇被留在北方已经一年。也先见中国没有什么事端，更想讲和，使者接连前来，提出把上皇送回。大臣王直等商议派使者前往迎接，皇帝不高兴地说："朕本来不想登大位，当时是被推上来的。"于谦从容地说："帝位已经定了，不会再有更改，只是从情理上应该赶快把他接回来罢了。万一他真有什么阴谋，我就有话说了。"皇帝看看他便改变了面色说:"听你的、听你的。"先后派遣了李实、杨善前往。终于把上皇接了回来,这是于谦的功劳。

英宗回来以后,明朝一时出现了两个皇帝,朝廷上不能不产生混乱。礼部尚书等提出,景泰二年(1451)正月初一让百官朝太上皇,景泰帝不许。这种尴尬的局面,使于谦受到强大压力。他拥戴景泰帝,但景泰帝废英宗之子,立自己的儿子为皇太子,这使于谦感到突然。景泰帝之子立为皇太子一年半便死去,此后再也无子。于谦提出立英宗之子为皇太子,此人就是后来的宪宗,但是景泰帝不愿。景泰帝认为自己春秋鼎盛,今后不愁无子,一拖再拖。石亨等人认为与其立英宗之子,不如直接请太上皇复位,可以从中邀取功赏。

石亨原是于谦从狱中将其放出,并在以后提升其为大将。但由于在推荐于谦儿子任官等问题上受了于谦斥责,从此怀恨在心。事情源于一件小事,于谦的性格很刚强,遇到有不痛快的事,总是拍着胸脯感叹说:"这一腔热血,不知会洒在哪里!"他看不起那些懦怯无能的大臣、勋臣、皇亲国戚,因此憎恨他的人更多。又始终不赞成讲和,虽然上皇因此能够回来,但上皇并不满意。徐珵因为提出迁都南京,受到于谦斥责。这时把名字改为有贞,比较得到提升进用,经常咬牙切齿地恨于谦。石亨本来因为违犯了军法被削职,是于谦请求皇帝宽恕了他,让他总理十营兵,但因为害怕于谦不敢放肆,也不喜欢于谦。德胜门一仗的胜利,石亨的功劳并不比于谦大,而得到世袭侯爵,内心有愧,于是上疏推荐于谦的儿子于冕。皇帝下诏让他到京师,于谦推辞,皇帝不准。于谦说:"国家多事的时候,臣子在道义上不应该顾及个人的恩德。而且石亨身为大将,没有听说他举荐一位隐士,提拔一个兵卒,以补益军队国家,而只是推荐了我的儿子,这能得到公众的认可吗?我对于军功,极力杜绝侥幸,绝对不敢用儿子来滥领功劳。"石亨更是又愧又恨。都督张辄因为征苗时不守律令,被于谦弹劾,和内侍曹吉祥等都一向恨于谦。至此,一场以石亨为首拥立英宗复辟的政变便在暗中开始行动了。

景泰八年刚到正月,景泰帝一病不起,这一天他召石亨到病榻前,嘱其代行郊祀事。石亨见皇帝病情严重,预料将有事情发生,出来后立即与都督张轨、太监曹吉祥商议迎接英宗复辟。他们一起去找太常卿许彬。许彬以年老推辞,但建议与徐有贞商量。徐有贞由于主张南迁被于谦指斥后声誉扫地,对于谦一直心怀不满。正月十四日,这些人在徐有贞家聚会。徐有贞煽动说:"太上皇帝出征,为的是国家。何况天下尚未离心,现在的皇帝置之不理,纷纷另求他人继大位,实在令人莫解。如公等所说,南宫亦知道了吗?"石亨等说:"一天前已经秘密报告了。"又说:"必须得到来自太上皇方面的赞同。"十六日晚这班人再次聚会,徐有贞当场提出:"事在今夜,不可失。"正在此时,得报边境有警,徐有贞说:"一定要利用这个机会,派兵进入皇宫。"石亨、张轨表示赞同。尽管如此,徐有贞还是心怀恐惧,与家人告别说:"事成,社稷之利;不成,门户之祸。归,人;不归,为鬼。"接着,与石亨等约会赞同政变的数员文武大官并太监曹吉祥等,收各门钥匙。天亮之前,打开长安门,放进一千多士兵,宫内卫士当时看到士兵进来不知所措,后听石方是加强宫中守卫,也就没留意,进去之后,徐有贞又把门锁上,隔绝宫内外的往来,以免遭到内外夹攻,此时,石亨等也还是怕政变破产。徐有贞对他壮胆说:"事已至此,切勿退缩。"他领这帮人去南宫,但幽禁英宗的南宫的钥匙在景帝处,碰了个闭门羹,叩之又不应,这时又听远远传来开门声,情势更加紧张、徐有贞感到事情紧迫不宜迟,成败在此一举,于是下令把大木悬起来,用数十人举着撞门,又命令勇士逾墙而入,里外联合,终于把宫门打开,石亨等人见英宗,徐有贞仅说了一句"请陛下登位"。即亲自动手连推带拉,让英宗登辇就走。月光之下,英宗问了他们的姓名,进皇宫后,大家把英宗推上了奉天殿。这班人又把御座从殿隅推到中央,并命马上站班朝贺,英宗再次成为皇帝。

　　十七日清晨,百官照常入宫等候皇帝早朝,一进去,就听到南城及殿上的呼号声。众官正在疑惑,这时徐有贞出来向他们宣布:"太上皇复辟了!"并命他们马上站班朝贺,百官不胜惊骇,但也无可奈何,只得就班祝贺。这时病中的景泰帝听到钟鼓声,非常惊讶,问左右:"于谦在哪儿?"当知道英宗已复位,连声说:"好,好。"

第二天,复辟的人首先下令逮捕于谦以及拥护景泰帝的重要巨僚,政变的主谋徐有贞从副都御史一跃以本官兼翰林院学士值内阁,主管机务,后又晋兵部尚书。徐有贞得势以后,第一步就打算杀死于谦。原先议立英宗太子时,大学士王文曾主张迎立襄王世子。这时,徐有贞就指使言官弹劾王文立藩的意见,并且捎带诬蔑于谦。经过一番核查,没有什么证据。徐有贞仍不放过说:"虽无显迹,也有那种意思。"王文忿怒非常,据理辩论。于谦冷笑说:"辩什么? 无用。他们是不管事实有无,必定让我死!"但英宗对处死于谦一直犹疑,他对复辟的众臣说:"于谦过去有过功劳。"徐有贞上前恶狠狠地说:"不杀于谦,今日的这场政变怎能够说是师出有名。"英宗下定决心,把于谦及王文等皆斩于东市,妻子戍边。

于谦自从土木之变以后,发誓不和敌人共生存。经常住在值班的地方,不回家。于谦一向有痰症病,景泰帝派太监兴安、舒良轮流前往探望。听说他的衣服、用具过于简单,下诏令宫中造了赐给他,所赐东西甚至连醋菜都有了。又亲自到万岁山,砍竹取汁赐给他。有人说皇帝太过宠爱于谦。兴安等说:"他日夜为国分忧,不问家产,如果他去了,让朝廷到哪里还能找到这样的人?"到抄家的时候,家里没有多余的钱财,只有正屋关锁得严严实实。打开来看,都是皇上赐给的蟒袍、剑器。于谦死的那天,阴云密布,全国的人都认为他是冤枉的。一有个叫朵儿的指挥,本来出自曹吉祥的部下,他把酒泼在于谦死的地方,恸哭。曹吉祥发怒,鞭打他。第二天,他还是照样泼酒在地表示祭奠。都督同知陈逵被于谦的忠义感动,收敛了他的尸体。过了一年,送回去葬在杭州。陈逵,是六合人,曾被推举为将领。皇太后开始时不知道于谦的死,听说以后,叹息哀悼了几天。英宗也后悔了。

于谦已死,由石亨的党羽陈汝言任兵部尚书。不到一年,所干的坏事败露,贪赃累计巨万。皇帝召大臣进去看,变了脸色说:"于谦在景泰帝朝受重用,死时没有多余的钱财,陈汝言为什么会有这样多?"石亨低着头不能回答。不久边境有警,皇帝满面愁容。恭顺侯吴瑾在旁边侍候,进谏说:"如果于谦在,一定不会让敌人这样。"皇帝无言以对。这一年,徐有贞被石亨中伤,充军到金齿口。又过了几年,石亨亦被捕入狱,死于狱中;曹吉祥谋反,被灭族,于谦事情得以真相大白。

成化初年,将于冕赦免回来,他上疏申诉冤枉,得以恢复于谦的官职,赐祭,诰文里说:"当国家多难的时候,保卫社稷使之没有危险;独自坚持公道,被权臣奸臣共同嫉妒。先帝在时已经知道他的冤,而朕实在怜惜他的忠诚。"这诰文在全国各地传颂。弘治二年(1489),采纳了给事中孙需的意见,赠给于谦特进光禄大夫、柱国、太傅,谥号肃愍,赐在墓建祠堂,题为"旌功",由地方有关部门年节拜祭。万历中,改谥为忠肃。杭州、河南、山西都是历代奉拜祭祀不止。

正直廉洁　善治朝政

——杨士奇传

杨士奇(1366－1444)，明代大臣、学者。名寓，字士奇，以字行，号东里，谥文贞，汉族，泰和(今江西泰和县澄江镇)人。官至礼部侍郎兼华盖殿大学士，兼兵部尚书，历五朝，在内阁为辅臣四十余年，首辅二十一年。与杨荣、杨溥同辅政，并称"三杨"，因其居地所处，时人称之为"西杨"。"三杨"中，杨士奇以"学行"见长，先后担任《太祖实录》《仁宗实录》《宣宗实录》总裁。

一、供职东宫　惟谨惟慎

杨士奇从小死去父亲，跟随母亲嫁到罗家，后来恢复了原来的杨姓。家境很贫穷，但他努力学习，靠教授学生糊口自给。经常在湖南、湖北一带教书，其中以在湖北江夏教学馆的时间最长。建文初年，诏集各地儒生纂修《太祖实录》，杨士奇被推荐征用为教授。正要上任，王叔英因为他修史方面的才能荐举了他，于是他被召入翰林院担任编纂官。

不久皇帝命吏部考试评定史馆中儒生，吏部尚书张之看到杨士奇写的对策，说："这不是平常儒生所能说出的话。"于是上奏他为第一名。朝廷由此任他为吴王府副审理，但仍然让他在实录馆里供职。明成祖朱棣即位，改任编修。后来，选入内阁，掌管机密的军国大事，几个月后提升做了侍讲。

永乐二年(1404)，他被选为左中允。永乐五年(1406)升为左谕德。杨士奇办事非常谨慎，家居时间从来不谈论公事，即便是最亲密友好的人都不能从他那里听到任何事情。在成祖面前，举止动作恭敬慎重，善于回答问题，而且他说的话常常能够符合成祖的心意。有人有小的过错，常常给他掩饰过去。广东布政使徐奇带了些岭南的土特产送给朝廷的官员们，有人把他送了东西的官员名单拿给皇帝看，皇帝看到上面没有杨士奇的名字,就把他召去询问。杨士奇回答说:"徐奇去广东上任的时候,群臣们作诗文赠给他送行,我正巧生病没有参加,因此没有送东西给我,现在名单上的官员是不是都接受了这些东西还不知道,而且东西很少,应当没有什么其他用意。"成祖就马上命令把礼品册焚烧。就这样,一场可能引发的大狱被杨士奇化解了,同时,他没有在其中标榜自己的清廉,而是实事求是予以解释,由此可见他的品德。

永乐六年(1047),皇帝巡幸北方,命杨士奇和蹇义、黄淮留在南京辅佐皇太子朱高炽。太子喜好文章诗词,赞善王汝玉把诗法呈献给他。杨士奇说:"殿下应当用心学习《六经》,有空闲的时候看看两汉的诏令。作诗是雕虫小技,不值得去研究。"太子认为很对,采纳了他的意见。

先前,成祖起兵的时候,汉王朱高煦多次拼死作战很有功劳,成祖答应事情成功以后把他立为太子。但成祖即位后没有立他为太子,他心怀怨恨。成祖又怜惜赵王朱高燧年纪小,对他特别宠爱。因此两王联合起来离间太子和成祖的关系,成祖心里很有些活动。永乐九年(1411)回南京,把杨士奇召去询问太子监国的情况。士奇回答太子很恭敬,而且说:"殿下天资很高,即使有过错也一定能知道,知道以后必定改正。心地好,待人仁爱,决不会辜负陛下对国家大事的托付。"成祖听了很高兴。永乐十一年(1413)正月初一,有日蚀出现,礼部尚书吕震请求不要停罢朝贺的仪式。侍郎仪智坚持认为不可以。杨士奇也引用宋仁宗处理天圣年间灾异的事例极力奏辩,于是停止了朝贺。第二年,皇帝北征,杨士奇仍然辅佐太子留守南京。汉王更是变本加厉说太子的坏话。皇帝回来,因为太子迎接来迟,把太子的东宫官属黄淮等人全部投入监狱。杨士奇后来才到,皇帝饶恕了他。召他询问太子的情况。杨士奇叩头说:"太子孝顺恭敬像以前一样。凡是有耽搁迟缓,都是我们臣下的罪过。"皇帝的气消了。随从皇帝的各大臣纷纷上奏弹劾杨士奇,认为他不应当单独得到宽恕,于是把他也关进锦衣卫监狱,但不久就释放了他。

永乐十四年(1416),皇帝回到京师,对汉王夺嫡阴谋及各种不轨情状略有所闻,便问蹇义;蹇义不回答,于是又问杨士奇。他回答说:"我和蹇义都侍奉东宫太子,外人没有敢和我们两人说汉王的事的。但是两次让汉王到藩王分封的地方去,他都不肯走。现在知道陛下将要迁都北京,总是要求留守南京。只有陛下才能精细地观察他的意图。"成祖沉默着没有说话,起驾回宫了。过了几天,成祖完全知道了汉王的事情,削夺了两支隶属于他的护卫武装部队,最终把他安置到山东乐安去了。第二年提升杨士奇为翰林学士,仍然兼任原来的官职,永乐十九年(1421)改为左春坊大学士,仍旧兼翰林学士。次年又以辅导太子有过错为由,把他关入锦衣卫监狱,十来天后才释放。

二、华盖学士　切言敢谏

仁宗朱高炽即位做了皇帝,擢任杨士奇做礼部侍郎兼华盖殿大学士。一天,皇帝在便殿,蹇义、夏原吉奏事还没有退出。仁宗望见杨士奇,就对两人说:"新任华盖学士来了,必定有正直的言论,让我们一起来听听他讲些什么。"杨士奇进殿后说:"皇上开恩减少岁供的诏令刚下达两天,惜薪司就传圣旨征收枣80万斤,这和前面所下的诏令是相矛盾的。"仁宗立即命令征收数字减去一半。成祖死后,按照丧服制度的规定,穿丧服的时间至二十七日期满,吕震请除丧服。杨士奇认为不可以,吕震厉声斥责他。蹇义把他们俩的意见都上报给皇帝,态度模棱两可。第二天,皇帝头戴素冠,身穿麻衣制的丧服扎着孝带出理朝政。朝廷大臣只有杨士奇和英国公张辅像他一样身着丧服。退朝以后,皇帝对左右的人说:"先帝的棺材还在停放着,做臣下的怎么能忍心说换上吉服,杨士奇坚持这一点是对的。"升他做少保,与同事杨荣、金幼孜一起被赐给刻有"绳愆纠缪"四个字的银印章,准许密封上奏事情,不久升为少傅。

当时各地藩司等地方官员进京朝见,尚书李庆建议把发给军队剩余的马匹给他们,每年向他们征收马驹。杨士奇说:"朝廷选举贤能对称职的人授给官职,现在却让他们养马,是看重牲畜而轻视士人,这怎么能够向天下和后世交待呢。"皇帝答应从宫中直接发圣旨罢停这一做法，但后来没有消息了。杨士奇再次极力申述自己的意见，又没有批复。不久，皇帝到思善门，召见杨士奇说："朕难道真的忘记了这件事？听说吕震、李庆等人都不喜欢你，朕考虑你孤立，恐怕被他们中伤，不想因为你的话而停止这件事罢了，现在有了可以说话的依据了。"随手拿出陕西按察使陈智讲养马不妥当奏疏，让杨士奇起草敕文罢除牧马。杨士奇感激而叩头拜谢。群臣练习正月初一日朝拜的仪式，吕震请求用乐，杨士奇和黄淮上疏请求停止。皇帝没有回答，士奇再次上奏，在庭院里一直等到夜深，皇帝同意了他的意见。过了一天，皇帝召见杨士奇，对他说："吕震经常以错误的意见耽误朕的事，不是你们及时提出，将会后悔不及。"不久仁宗任命杨士奇兼兵部尚书，一起领三个职务的俸禄。但杨士奇坚辞尚书俸禄。仁宗做太子监国的时候，怀恨御史舒仲成，这时想要惩处他，杨士奇说："陛下即位，下诏说凡是过去违背了圣旨的人都可以得到宽宥。如果惩治舒仲成，那就是诏书不讲信用，害怕的人就多了。就像汉景帝对待卫官那样，不是也可以吗？"于是仁宗马上放弃了惩治舒仲成的想法。又有人说大理卿于谦讲事情不缜密，仁宗很生气，把于谦降了一级。杨士奇为他辩白，说明并无其事，使他得以恢复原来的品级。还有大理少卿弋谦因为进谏朝事得罪了皇帝。杨士奇说："弋谦是响应诏书进言的，如果给加上罪名，那么群臣以后都不敢讲话了。"皇帝立即提升弋谦做副都御史，而且发下敕文承认自己的过错。

当时有人上书歌颂太平，仁宗拿出来给各位大臣看，都认为说得对。只有杨士奇说："陛下虽然有恩泽于天下，但是流亡外乡的人还没有回归故乡，民生凋敝还没有恢复，百姓还有挨饿的，还需要再休息几年，也许到那时可以期望达到太平。"皇帝说："你的话说得对。"于是回头看着蹇义等人说："朕坦诚对待你们，希望得到你们的辅助和纠正，只有杨士奇曾经五次上奏章，你们都没说一句话，难道真的是朝廷政治完美无缺，天下太平了吗？"各位大臣都惭愧认错。这一年四月，皇帝赐给杨士奇玺书说:"从前朕负有监国的使命,你侍奉在左右,同心同德,为了国事忘记了自己,屡次经历艰难忧患,都不曾改变志向。到朕即位以来,呈献良好的谋略,希望我治理,忠贞不渝,所有这些都记在朕的心里。现在创制'杨贞一印'赐给你,还希望能够互相勉励,以达到明君贤良的美名。"不久纂修《太祖实录》,与黄淮、金幼孜、杨溥一起充当总裁官。没有多久,皇帝一病不起,召杨士奇和蹇义、黄淮、杨荣到思善门,命士奇书写敕书从南京召回皇太子。

三、和睦皇亲　关心民瘼

宣宗朱瞻基即帝位,杨士奇纂修《仁宗实录》,仍然担任总裁。宣德元年(1426),汉王朱高煦发动叛乱。皇帝亲自征讨,平息了叛乱。大军凯旋,驻扎在献县的单家桥,侍郎陈山迎谒,说汉王和赵王是一条心,请求乘势袭击彰德,捉住赵王,杨荣极力赞成。杨士奇说:"事情应当有真凭实据,天地鬼神是可以欺瞒的吗?"杨荣厉声地说:"你想要阻挠这重大的谋划吗!现在叛党说赵王实是与汉王同谋的,怎么说没有口供?"杨士奇说:"成祖皇帝有三个儿子,现在皇上只有两个叔父。有罪的不可以赦免,而没有罪的应该宽厚对待,有怀疑的话可以防备他,使不发生意外的事就是了。为什么突然发兵攻打他,伤害了皇祖在天的感情呢?"当时只有杨溥的意见和杨士奇是相同的。他们打算到皇帝那里去进谏,杨荣先进去了,杨士奇随后进,守门的不让进去,不久宣宗召蹇义、夏原吉进去。二人把杨士奇说的话告诉了宣宗。宣宗起初没有加罪赵王的意图,所以调动军队攻打彰德的事得以停止。回到京师以后,宣宗考虑杨士奇说的话,对他说:"现在人们议论赵王之事的很多,怎么办?"士奇说:"赵王和陛下最亲,陛下应该保全他,不要被人们的话所迷惑。"宣宗说:"我想把群臣上的奏章封起来送给赵王看,让他自行处理,怎么样?"杨士奇说:"好,如果再有一封玺书就更好了。"于是皇帝派使者把玺书去彰德见赵王,赵王得到玺书非常高兴。感激涕零地说:"我有生路了。"立即上表谢恩,而且献出护卫武装部队,外面对他的议论才平息下来。皇帝对待赵王日益亲近而看不起陈山,他对杨士奇说:"赵王所以能够保全,都是靠了你的努力。"于是赐给他金币。

当时交趾王叛乱。朝廷屡次发大军去征讨,都以失败而告终。交趾王黎利派人假意请求立陈氏后人为国主,宣宗皇帝也讨厌进行战争,想要答应他。英国公张辅、尚书蹇义以下的官员们,都说没有理由答应他,这样做是对天下显示出自己的软弱。皇帝召见杨士奇、杨荣和他们商议。两个人都极力说:"陛下为了体恤百姓生命,安抚边远的地区,不是没有理由;汉朝放弃了珠崖,以前历史上都认为是好事,不能说是表示软弱,所以可以同意他。"接着皇帝命令选择派往交趾的使臣,蹇义推荐伏伯安有口才。杨士奇说:"说话不讲信用,虽然是蛮貊这样的地方也不能去。伏伯安是小人,派他前去会有失国体。"宣宗认为他说的对,另外派人去了。于是放弃交趾,停止战争,每年节省战争耗费数万。

宣德五年(1430)春天,皇帝侍奉皇太后拜谒皇陵,召英国公张辅、尚书蹇义和杨士奇、杨荣、金幼孜、杨溥,在行殿朝见太后。太后慰劳他们。宣宗又对杨士奇说:"太后对朕说起,先帝在东宫的时候,只有你不怕触忤,敢于直谏,先帝能够听从你的话,所以没有败事。又教导皇上应该接受正直的意见。"杨士奇回答说:"这是皇太后大恩大德的话,愿陛下不要忘记。"不久,皇帝下敕书给鸿胪寺,说杨士奇年老有病,上朝有时会晚一些,不要弹劾他。宣宗曾经便服出宫,在晚上到了杨士奇的家里,杨士奇慌忙出来迎接,叩头说:"陛下为什么把掌管社稷宗庙的身体看得这样轻?"皇帝说:"朕想和你说句话,所以就来了。"几天以后,捉获了两个强盗,都图谋不轨,皇帝召见杨士奇,告诉他这件事。并且说:"从今以后更知道你对朕的忠心了。"

宣宗因为各地屡次发生水旱灾害,召杨士奇拟写诏令抚恤,免去受灾地方的租税和养官马亏欠的数额。杨士奇乘机请求免除过去拖欠的赋役和柴薪草料钱，减少官田的租税，清理积压下来的冤狱，裁减工程役作，以扩大皇帝对百姓的恩德，百姓都很高兴。过了两年，宣宗对杨士奇说："抚恤百姓的诏谕颁布已经很长时间了，现在还有需要宽恤的地方吗？杨士奇说："从前下诏减少了官田的租税，可是户部却照旧征收。"皇帝很不高兴地说："现在开始实行，不实行或阻挠实行的按法律治罪。"杨士奇再请示安抚逃亡的百姓，审察贪官污吏，推举有文才、精通武艺而又勇敢的士人、使被判死罪的人家的子孙有位进的机会，又建议请朝廷大臣三品以上和地方上的布政使、按察使各自举荐自己所了解的人，准备充当地方官员的人选，宣宗都回答了。在那个时候，宣宗励精图治，杨士奇等人同心辅佐，号称太平治世。宣宗于是仿效历史上帝王和臣下共同游乐的故事，每到年初，赐给百官十天休假。宣宗也时常到西苑万寿山，各位大学士都随从他去，赋诗唱和，询问民间百姓的疾苦。大臣们有什么议论上奏，皇帝都能做到虚怀若谷，听取和采纳。

宣宗刚即位的时候，内阁大臣有七个人。陈山、张瑛是由于有在东宫供职的旧情而进入内阁的，不称职，调出去做其他的官了；黄淮因为生病退了休，金幼孜去世。内阁中只有杨士奇、杨荣、杨溥三个人。杨荣豪放开阔，有决断、有毅力，遇到事情敢作敢为。多次随从明成祖北征，很熟悉边关将领德才的高低，要塞的险易远近，但是他却很喜欢接受礼物，边关将领每年都给他送好马，宣宗也知道这些事，就向杨士奇询问。士奇极力为杨荣辩白说："杨荣了解边防的事多，我们都比不上他，不应该把小毛病放在心上。"宣宗笑说："杨荣曾经讲你和夏原吉的坏话，你还为他说情吗？"杨士奇说："希望陛下像曲折周到地容忍我那样宽容杨荣。"宣宗的不快于是解除了。后来，杨士奇说的话逐渐让杨荣知道了，杨荣觉得愧对杨士奇，因此以后，两人相互间相处得很好。宣宗也更加接近地对待杨士奇，先后赐给他珍奇果品、祭祀用的美酒、书籍器具，无计其数。

四、宦官擅权　忧郁而终

宣宗逝世以后，英宗即位做了皇帝，时年方9岁，国家的军政大事都要报告太皇太后。太皇太后推心置腹地信任杨士奇、杨荣、杨溥三个人。有事就派宫中宦官到内阁咨询商议，然后裁决。杨士奇等三人也很自信，积极治理国家。杨士奇首先请求训练士兵，加强边境的守备防御，设置南京参赞机务大臣，分别派遣文武官员镇守巡抚江西、湖广、河南、山东，罢免进行侦事的校尉。又请求依次免除租税，慎重处理刑事案件，严格考核各部门的官员。英宗都答应实行。正统初年，朝廷政治清明，是杨士奇等人的功劳。正统三年（1438），《宣宗实录》纂修完成，升杨士奇做少师。正统四年（1439），他请求退休，没有得到同意，诏令让他回乡祭扫墓地，不久还朝。

当时太监王振为英宗所宠信，逐渐干预朝廷政务，诱导英宗用严酷的手段对待臣下，大臣们往往因小小过失而被投入监狱。靖江王朱佐敬私自送给杨荣金银。由于杨荣当时回乡祭扫墓地，回来后也不知道这件事，王振想借这件事倾轧杨荣，杨士奇极力为他解释，得以作罢。杨荣不久去世，杨士奇、杨溥更加孤立。在王振的怂恿下，第二年便大举兴兵征讨麓川，耗费国库储藏，士兵马匹死去好几万。再过了一年，太皇太后去世，王振的势力更加大了，更加肆无忌惮，大小官员稍微有抵触违抗他的，马上被捉进监狱。朝廷大臣人人都心怀恐惧，杨士奇也不能够制止。

杨士奇年老以后，他的儿子杨稷，仗势行恶。杨士奇很溺爱儿子，但并不知道他的劣迹。有人将实情相告，他以为是别人的诬陷而怀疑人家；有人阿谀奉承说他儿子好话的，他则认为这是真实情况而高兴。因此杨稷更加放肆，造恶日甚，以致惊动了朝廷，将杨稷捉拿归案交官府处治。皇上特下旨安慰杨士奇说："你的儿子既违背家教，触犯国法，朕不敢偏袒，你根据规定自己处理。"杨士奇感激涕零，于是按法律判其子死罪处斩。杨士奇在正统九年（1444）三月去世，享年90岁。连赠太师，根据他生前的事迹给他"文贞"的称号。

原先在正统初年,杨士奇就说过蒙古瓦剌部渐渐强大,恐怕会成为边防的祸患,而边军缺马,恐不能抵御。请于附近太仆寺关领,西蕃贡马也都供给边防。杨士奇死后不久,也先果然入侵,发生了土木之变,有识之士不禁思念杨士奇所说的话。

刘墉的精干与"糊涂"

——刘墉传

刘墉(1719—1804),字崇如,号石庵,另有青原、香岩、东武、穆庵、溟华、日观峰道人等号,清代书画家、政治家。山东省高密县逄戈庄人(原属诸城),祖籍江苏徐州丰县。乾隆十六年(1751年)进士,刘统勋子。官至内阁大学士,为官清廉,有乃父刘统勋之风。刘墉是乾隆十六年的进士,做过吏部尚书,体仁阁大学士。工书,尤长小楷,传世书法作品以行书为多。嘉庆九年十二月二十五日卒于京,谥文清。

刘墉出身于山东诸城刘氏家族,这个家族是当时的名门望族,通过科举走上仕途的人很多。刘墉的曾祖父刘必显为顺治年间进士,祖父刘棨是康熙朝有名的清官,父亲刘统勋更是一代名臣,官至东阁大学士兼军机大臣,为官清廉果敢,乾隆帝说他"遇事既神敏,秉性复刚劲,得古大臣风,终身不失正"。

刘墉生长在这样世代书香、以科举仕进为荣的家庭,从小受到良好的教育自不必言,后来他成为四库全书馆副总裁也证明了其学识的渊深。但不知什么原因,满腹经纶的刘墉却迟迟没有参加科举考试,至少目前尚未发现他在30岁之前参加科举考试的记录。直到乾隆十六年(1751),33岁的刘墉才因为父亲的关系,以恩荫举人身份参加了当年的会试和殿试,并获进士出身,旋改翰林院庶吉士。翰林院庶吉士是翰林的预备资格,一般从科考成绩优异的进士中选拔,然后在庶常馆学习深造,期满考试合格者,授翰林院编修。清代翰林虽然薪俸较薄,但作为皇帝身边的文学侍从近臣,号称"清贵","有清一代宰辅,多由此选"。而且,大臣死后如果想得到皇帝赐谥的"文"字,则必须是翰林出身。所以,清代以科举仕进者尤重翰林出身。应当说,刘墉在仕途上开局良好。

一、精干有为　任职四方

从乾隆二十一年(1756)开始,刘墉被外放做地方官,此后 20 余年的绝大部分时间里,他主要做地方官,由学政、知府,直至一方面的督抚大员。在做地方官期间,他基本上还是秉承了乃父刘统勋的正直干练、雷厉风行的行事风格。对科场积弊、官场恶习进行了力所能及的整顿,为百姓做了不少实事。《诸城县志》称赞他:"砥砺风节,正身率属,自为学政知府时,即谢绝馈贿,一介不取,遇事敢为,无所顾忌,所至官吏望风畏之。"同时,他也不遗余力地贯彻乾隆皇帝的意旨,查禁书,兴文字狱,捉拿会党,积极推行文化高压政策。

刘墉做过提督安徽学政和提督江苏学政。提督学政是一省的教育长官,类似于现在的教育厅长,但不同之处在于,学政不受当地最高行政长官的节制,独立开展各项事务,督抚大员也不能侵其职掌。只有在特殊情况下学政离任,督抚才可暂时代管其事。学政还可以直接向皇帝上书,反映地方情况,吏治民风。

刘墉在前往安徽赴任前,乾隆帝特意召见并赐诗,其中有"海岱高门第,瀛洲新翰林"之句,意思是希望刘墉能够不辱门楣、有所建树。在出任江苏学政前,乾隆皇帝仍有诗相赠,可见对刘墉抱有厚望。刘墉也不辱使命,很是严肃认真。据清人笔记记载:"昔日刘石庵相国视学江苏,严肃峻厉,人多畏惮。"刘墉曾先后两次提督江苏学政,相隔近 20 年,为官处事风格也由峻厉刚急转为平和舒缓,但严肃认真则是一贯的。以刘墉第二次出任江苏学政时按试扬州为例,因为把关严格,使得许多想以作弊蒙混过关者最后不敢入场。

乾隆三十四年(1769),51 岁的刘墉获授江宁知府。从乾隆十六年(1751)中进士时算起,到此时刘墉浮沉官海已经整整 18 年。说来,刘墉的仕途并不平坦,早在做翰林院编修时,其父刘统勋因事获罪,刘墉遭株连被革职,与诸兄弟一起下狱;后外放刘墉作安徽和江苏学政,因表现卓异得到乾隆皇帝赏识,擢山西太原府知府。刘墉之父刘统勋,曾于乾隆二十二年(1757)到山西查办布政使蒋洲侵帑案,乾隆二十四年(1759)到山西查办过将军保德侵帑案,声誉颇佳。刘墉同样是不负重托,到任后不几天便将前任遗留下的疑难案件审理一清,受到官民的一致称赞。正当刘墉以政绩迁冀宁道时,前任山西阳曲县知县段成功亏空案发,刘墉以失察罪差一点丢了性命,后来朝廷加恩命他赴军台效力赎罪长达一年,回北京后又在一个叫做"修书处"的闲散机构里蹉跎两年。由此可见,这段时间里,刘墉的官运并不怎么"亨通"。

刘墉能够在重罪之后出任江宁知府,说来还是沾了父亲的光。此时刘统勋圣眷正隆,先后以大学士之职兼管兵部和刑部,被乾隆皇帝倚为股肱之臣。因此,在乾隆三十三年(1768)刘统勋七十寿辰之时,乾隆皇帝不仅亲书匾额致贺,还加恩刘墉以知府候补,第二年,刘墉获授江宁府知府。

刘墉也十分珍视这次机会,"颇以清介持躬,名播海内,妇人女子无不服其品谊,至以包孝肃比之"。创作于嘉庆初年的弹词《刘公案》,就是主要以刘墉在江宁知府任上决断疑案、为民做主的故事为蓝本改编而成的,虽然其中必然夹杂着弹词艺人的想像夸张和道听途说的内容,未必都是实录,但说明刘墉在短短一年的江宁知府任上确实有政绩、有政声,是难得的贤能官吏。著名诗人袁枚也在一首诗中称赞刘墉说:"初闻领丹阳,官吏齐短腘。光风吹一年,欢风极老幼。先声将人夺,苦志将人救。抗上耸强肩,覆下纤缓袖。"意思是说,刘墉到江宁后,对下属要求严格使其不敢耀武扬威,对百姓关爱拯其脱离水火,不怕得罪上司而怕百姓受苦。

此后,刘墉历迁江西、陕西、江苏,至乾隆四十五年(1780),刘墉被授湖南巡抚,其官职全称是巡抚湖南等处地方提督军务,节制各镇,兼理粮饷,驻长沙,兼理军民事务,成为名副其实的封疆大吏。

在湖南任期内,刘墉继续以前的作风,盘查仓库,勘修城垣,整顿吏治,镇压反叛。在不到两年的时间里,刘墉的政绩可谓斐然。《清史列传》上面说他:"在任年余,盘查仓库,勘修城垣,革除坐省家人陋习,抚恤武冈等州县灾民,至筹办仓谷,开采峒硝,俱察例奏请,奉旨允行。"将其所办大事都列举出来了。《湖南通志》也赞扬刘墉抚湘期间,所行诸事"民以为便"。

乾隆四十七年,刘墉奉调入京出任左都御史,命在南书房行走。当时和珅炙手可热,刘墉遂"委蛇其间,唯以滑稽悦容其间"。这又表现了刘墉为人和为官的另一面。刘墉是有社会责任感的士大夫,同时也是官场中人,他也要按照官场的规则做事,包括应付上级和同僚的圆滑趋避之术。大体说来,他任地方官、能够独当一面的时期,主要表现了清勤刚正的一面,"一时有阎罗包老之称";入京以后,正好碰上和珅专宠于乾隆,擅弄威权,排斥异己,刘墉只好以静默自守,以滑稽模棱取容。

二、滑稽模棱　情非得已

刘墉刚入京的几年仕途还算顺利,做到协办大学士、吏部尚书、上书房总师傅,其间还处理了一件棘手的案子。这个案子的当事人国泰是山东巡抚,其父四川总督文绶是刘墉的老上级,更关键的是,国泰的后台就是乾隆皇帝的红人和珅。

乾隆四十七年(1782)四月,御史钱沣参劾山东巡抚国泰专横,以向皇上纳贡的名义大肆搜刮钱财,下属历城、益都等几十个州县仓库亏空严重。乾隆皇帝对此事十分重视,责成和珅、刘墉等同钱沣一起前往核查。

国泰,满洲镶白旗人,姓富察氏。国泰与和珅过从甚密,因此,和珅得到要查办国泰等的消息后立即派家人通风报信,使得国泰有了挪用其他款项填补亏空的时间。赴山东途中,和珅还以言辞威胁钱沣。据钱泳《履园丛话》记载,刘墉深知和珅与国泰的关系,因此常与钱沣密商对策。到山东历城县后,和珅说不用彻底核对,只要抽查几十个库就可以了,并且先起身回到住所。钱沣要求先封库,第二天彻底拆封。结果发现库里的银两"多系圆丝杂色银",通过盘诘库吏得知,这些银两是从各商铺借来充数的。于是,出告示叫各商铺前来认领,"大呼曰:迟来即封贮入官矣"。于是商贾纷纷前来认领,库藏为之一空。

在这件事上,刘墉自始至终支持钱沣,他的态度对于案情最终水落石出起着至关重要的作用。很显然,刘墉支持钱沣,同时也就得罪了和珅。从这件事我们看到,刘墉仍不失其"刚正"。

此后的几年里,刘墉似乎总是在犯错误,受指责,乾隆对他显然并不满意。乾隆五十二年(1787)初,刘墉因为漏泄他和乾隆帝关于嵇璜、曹文埴的谈话内容,不仅受到申饬,而且失去了本应获授的大学士一职。

乾隆五十二年八月,乾隆委托刘墉主持祭拜文庙。因他没有行规定的一揖之礼受到太常寺卿德保的参劾。

乾隆五十三年(1788)夏天,刘墉兼理国子监,发生乡试预选考试中诸生馈送堂官的事,被御史祝德麟弹劾,结果刘墉受到处分。乾隆五十四年二月底至三月初,负责皇子教育的上书房诸师傅因为连天阴雨没有入值,乾隆皇帝得知这个情况十分恼怒,时任协办大学士、吏部尚书、上书房总师傅的刘墉被责处得尤其严厉,降为侍郎衔,不再兼职南书房。乾隆皇帝还专门为此下了一道上谕,大意是说因为刘墉是大学士刘统勋之子,念及统勋为朝廷效力多年,才对刘墉加恩擢用。而刘墉在府道任上还算勤勉,及至出任学政就不再认真办事,在湖南巡抚任上官声也平常。入京为尚书,办事情更是一味模棱两可。我曲意优容,未加谴责,原以为他会感激圣恩,勤勉办事,不想竟然发生上书房诸师傅旷工七日之久,而刘墉置若罔闻。并说刘墉这样事事不能尽职,于国则为不忠,于父则为不孝,其过失甚大,实在不能宽恕。应当说,措辞相当严厉。

乾隆五十八年(1793),刘墉为当年会试主考官。因为安排失当,阅卷草率,违制和不合格的卷子很多。按规定,刘墉等至少要罚俸 10 余年。乾隆皇帝虽然作了宽大处理,刘墉还是被"严行申饬"。

嘉庆元年(1796),因为大学士一职空缺多时,破格增补户部尚书董诰为大学士,而资历更深的刘墉被排斥在外。而且在上谕中又一次批评刘墉"向来不肯实心任事",并举例说,皇帝曾向刘墉询问新选知府戴世仪可否胜任,结果刘墉对以"尚可"。而戴本来十分庸劣,断难胜任。可见刘墉平日里对于铨选用人全未留心,只是以模棱两可之词敷衍塞责。要他"扪心内省,益加愧励"。

嘉庆二年(1797),授刘墉体仁阁大学士,但仍旧指责他"向来不肯实心任事,行走颇懒",并说"兹以无人,擢升此任",可见其评价。当然,以上两条嘉庆初年的上谕,代表的仍然是乾隆帝的意见。

刘墉自入朝任职以后像是变了一个人,做人的棱角看不到了,做事的勤谨也看不到了,此期间的刘墉更多表现出的是滑稽和圆滑世故。清人笔记记载,一次在军机处吃饭,有同僚提起唐宋时宰相吃堂餐的故事,刘墉马上接口说:"但使下民无殿粪,何妨宰相有堂餐?"一座为之喷饭。

刘墉之所以如此,与当时的政治风气有关。乾隆皇帝有一个"本朝无名臣"的理论,他说,因为朝廷纲纪整肃,本朝没有名臣,也没有奸臣。他这样说的目的是为了把所有荣誉归于圣主,大臣们所做的一切有利于百姓的事情,都是出于圣主的旨意。所以,他下令禁绝为地方官建德政碑、送万民伞之类为官员扬名的活动。老年乾隆更是志得意满,炫耀自己的"十全武功",权力欲和虚荣心越发膨胀,此时他的身边更不需要名臣,而只需要忠心办事、以皇帝的是非为是非的奴才。再加上当时朝堂上宵小环绕,和珅弄权,勾结党羽,把持朝政,排斥异己,正直之士很难有所作为。御史曹锡宝曾经想通过参劾和珅家奴刘全以达到惩办和珅的目的,结果反遭陷害,被革职。所以就不难明白,为什么当刘墉为地方官时还做了一些兴利除弊的事情,而到了皇帝的身边却反而无所建树,唯唯诺诺。也许从适应官场规则、保全自己的角度看,刘墉这样小错不断、屡遭申饬、弄得自己名誉扫地,未必不是聪明之举。

在当时以滑稽方式为官的还大有人在。比如嘉庆帝的老师朱珪,也是如此。据说他晚年每逢门生、旧吏来看望,他所言皆不关政治,全为诙谐之语。这些以清正刚直著称的官员尚且如此,当时官场风气可见一斑。乾隆皇帝聪明太过,使得大臣们只好装糊涂;乾隆皇帝好名太甚,使得大臣们只得"平庸"。

嘉庆九年(1804)十二月二十五日,刘墉于北京驴市胡同家中逝世,享年86岁。去世的当天,他还曾到南书房当值,晚上还开宴会招待客人,"至晚端坐而逝"。

(说明:本书使用的个别图片无法与原作者取得联系,在此表示歉意,敬请原作者及时与我社联系,我社将按照有关标准支付报酬。)